高校美育建设与艺术审美

周晏悦 著

吉林出版集团股份有限公司 | 全国百佳图书出版单位

图书在版编目（CIP）数据

高校美育建设与艺术审美 / 周晏悦著 . -- 长春：
吉林出版集团股份有限公司 , 2022.12（2023.9 重印）
ISBN 978-7-5581-6461-3

Ⅰ.①高… Ⅱ.①周… Ⅲ.①美育－教学研究－高等
学校②艺术美学－教学研究－高等学校 Ⅳ.① G40-014
② J01

中国版本图书馆 CIP 数据核字 (2022) 第 241067 号

GAOXIAO MEIYU JIANSHE YU YISHU SHENMEI
高 校 美 育 建 设 与 艺 术 审 美

著　　者：周晏悦
出版策划：崔文辉
责任编辑：刘　洋
助理编辑：邓晓溪
出　　版：吉林出版集团股份有限公司
　　　　　（长春市福祉大路5788号，邮政编码：130118）
发　　行：吉林出版集团译文图书经营有限公司
　　　　　（http://shop34896900.taobao.com）
电　　话：总编办0431-81629909　营销部0431-81629880 / 81629900
印　　刷：保定市铭泰达印刷有限公司
开　　本：787mm × 1092mm　1/16
印　　张：11.25
字　　数：202千字
版　　次：2022年12月第1版
印　　次：2023年9月第2次印刷
书　　号：ISBN 978-7-5581-6461-3
定　　价：58.00元
印装错误请与承印厂联系　电话：15732222258

前　言

美育对塑造美好心灵具有重要作用，因此，加强美育工作，很有必要。

选择有时代特征的、经典的美育内容，对美育内容进行系统化的组织，有助于高校美育工作更好地实施，有助于美育目标更好地实现。由于高校美育教育内容涉及面较广，处理不当易琐碎零乱，难以构成整体的认知印象，所以需要高校美育工作者通过精心构思，使零散趋于集中，将分离的甚至对立的内容变为统一整体，通过寻找内在的联系，将看似互不相关的部分融为有机整体。如此，才能达成开放的、圆融的、可持续发展的人才培养目标。在高校美育工作的构建与实施中，美育教育的意识、美育教育的评价体系、美育课程内容、美育实践活动、校园文化建设缺一不可。选择有时代性的、经典的、符合学生特点的美育内容，并将内容融入高校美育工作的各项环节中，才能最有效地实现美育目标，促进学生审美素质的发展。

由于高校美育建设与艺术审美研究内容广泛，具有较强的综合性和应用性，编者虽在高校美育工作和美育类社团管理方面有一定的实践经验，但是阅历有限，书中的不妥之处在所难免，敬请读者批评指正，以便今后进一步修改，使之日臻完善。

目　　录

第一章　高校美育概述

美育也就是审美教育，它是美学和教育结合的产物。目前，在我国的各种教育领域都不同程度地实施了审美教育。相对来说，高校公共审美教育是诸多审美教育中最系统、最完整、最规范的形式，也是培养大学生全面发展的重要手段之一。

高校公共审美教育是高等院校对大学生实施的以艺术为主要领域，以情感为基本内核的形象生动的审美教育。它运用美好的形象来教育学生去追求高尚的品德、吸取丰富的知识、塑造健美的形体，同时也有助于提高学生的审美能力，树立审美理想，鼓励学生进行审美创造。

第一节　高校美育的构成

高校公共美育是面向高等院校大学生实施审美教育的过程。因此，高校公共美育在内容的构成上，不同于其他层次的审美教育。一般来说，以艺术教育为中心环节和全方位的审美教育才是高校公共美育构成的基本特点。

一、高校公共美育以艺术教育为中心环节

审美教育的构成范围是非常广阔的，但是对于高校学生而言，艺术教育应当是审美教育的中心环节。其基本理由是：

（一）艺术美是美的集中体现

《青春之歌》曾经激起千百万青年的爱国热情，是因为卢嘉川、江华、

林道静是千百万热血青年的影子，人们从他们身上看到了自己，看到了祖国的前途和未来的光明；鲁迅的《阿Q正传》拍成电影，获得了第二届中国电影金鸡奖最佳造型设计奖，影片中贫苦、落后、愚昧的农民阿Q给人们留下了深刻的印象。作家、艺术家把零散的生活加工提炼成为具有高度典范意义、体现人类理想的凝聚物。艺术美是现实美的集中体现，所以艺术教育才具有其多层次、多方面的感化作用，才体现出高度的典范性和社会性，这对于文化层次比较高的大学生而言，当然具有一种特殊的审美价值和深层的教育意义。

（二）艺术教育切合大学生的心理特点

审美教育的基本内核是情感教育，而艺术的情感则是人类普通情感的高度凝练和浓缩的产物，所以艺术教育在情感上比起普遍的审美教育而言，具有更强大的感染力，艺术教育的这一特点对于身处青年时代的大学生而言是完全适合的，而且还体现出特殊的美育效果。大学生活是感情发展迅速、心理趋向定型的关键时期，健康的艺术教育可以为他们提供高尚的生活情感和宝贵的精神食粮。比如，观看一部戏曲《窦娥冤》，可以在体会窦娥所具有的善良、坚强的品格、否定张驴儿父子阴险狠毒之中弘扬我国传统的文化艺术；欣赏一曲《阳关三叠》，可以在品尝生活的离愁别绪之中强化自己的信念和永不停息的追求精神。当然，艺术教育还为大学生提供了丰富的情趣。艺术的内涵是丰富的，除了深沉肃穆的格调以外，还有许多清雅别致、趣味横生的领域。齐白石"虾"的灵气，郑板桥"竹"的高节，徐悲鸿"马"的劲力，无处不以大自然的风采显示人的情趣。

在艺术的世界里，欣赏者总是以他们丰富多样的审美观来体现艺术的审美教育价值。高校学生处于青年时代，他们最富有情感，最喜欢艺术，所以我们应当科学地把握高校公共美育的中心环节，努力运用健康而又富有魅力的艺术教育来培养新时代的大学生。

二、高校公共审美教育是全方位的审美教育

高校公共审美教育以艺术教育为中心环节，但它不只限于，更不等于艺术教育，高校公共审美教育是全方位的审美教育。一方面，它以艺术教育为中心，将审美教育拓展到自然美教育和社会美教育中去；另一方面，高校公共审美教育在开展艺术教育的同时，还将审美教育渗透到德、智、体、劳的教育之中，以这两条基本线索构成高校公共审美教育有机的整体。

自然美教育是高校公共美育的构成要素之一。高校学生具有比较丰富的科学文化知识，他们同自然界不仅建立了认识和实践的关系，而且还建立了审美的关系。大自然是高校学生重要的审美对象之一。据调查，高校学生中几乎没有人不喜欢旅游、不喜欢自然美的。因此，自然美教育应该是高校公共审美教育实施的重要内容之一。如组织自然美知识讲座、努力美化校园、开展郊游或旅游活动等。让大学生在具体的活动中既获得理性的科学知识，又获得感性的审美愉悦，并在此基础上培养热爱祖国的大好河山、热爱自然、热爱科学的思想情操，增强改造自然、保护自然的历史使命感。我们知道，人们常常是在"自然的人化"过程中，在自然的审美观照中，确立人同自然的基本关系，肯定人的丰富的本质力量。所以，在自然美的教育过程中，我们要注意提高大学生对自然的审美能力，善于用艺术的眼光去发现和把握自然美，用生活的责任心去改造和保护自然美。通过自然美教育，让大学生在大自然的怀抱中自由地感受美、创造美，以至于最终达到人类美化自然、自然美化人的天人合一的审美境界。

社会美教育是构成高校公共审美教育更为基本的要素。社会美的核心是人的美，所以，社会美教育也应以人的审美教育为核心。一般来说，人的审美教育多指人的心灵、语言、行为、仪表、形体等美的教育。这些审美教育的内容在中小学已经有所涉猎，但是高校的社会美教育是一种高层次的审美教育。比如，同样是心灵美教育，高等学校不仅要求学生树立正确的思想观念、高尚的道德情操、顽强的意志品质，还要求学生的心灵美建立在理性、理智的基础之上，让自己高尚的心灵和超凡的智慧高度融洽地体现于伟大的社会风范之中。高校的语言美教育也是如此，它不仅要求学生讲话和气、文雅谦逊，而且要求他们语言语句做到准确、生动、规范，具有分明的个性和独特的表现力、感染力。大学生处于青年时期，一般还应注意行为美和仪表美，讲究服饰、姿态、举止等仪表风度的高雅和美观。环境美和氛围美教育也是高校社会审美教育的组成部分，它常常与一定的物质条件、经济基础和社会的风俗风尚紧密地联系在一起，这更需要社会的政治、经济、道德、文化、历史、艺术等多层次、多渠道的支持和帮助，从而促进高校社会审美教育能够获得积极健康的发展。

高校公共审美教育还应体现在其他教育形式的审美追求之中。高校公共审美教育是多层次全方位的，它与德、智、体、劳四育相互渗透、相互影响。首先，高校公共审美教育追求高尚的品德。审美教育的最终目的是要培养全面发展的大学生，这个美好形象的核心是他的心灵，他的品德，所以大学生的形象常常是以品德美为前提和核心的，他的外在美仅仅是品德美的外化或延伸；其次，高校公共审美教育需要丰富的知识，我们所培养的新时代大学生是有抱负、有理想、有文化的，而且审美教育的目的之一就是全面提高大学生的科学知识和文化水平；再次，高校公共审美教育塑造健美的形体。高校公共审美教育绝不局限于思想品德和科学文化的审美教育，它还指导大学生怎样美化自己的形体，使自己的身体得到科学和审美的塑造，同时又为社会生活和工作提供了最宝贵财富。美好的东西不是天上掉下来的，它来自人类的劳动创造，只有劳动创造才是人类财富的来源，所以劳动创造的精神应当为我们所推崇。大学生作为文化层次较高的社会群体，最终要贡献自己的力量，所以，树立这种精神，不仅仅能够创造出自己美好的生活，而且对于整个社会的进步都具有重要意义。

三、高校公共审美教育研究注重教学与实践相结合

首先，高校公共审美教育研究美学中的基本问题，并不像美学那样只注重理论上的探讨，高校公共审美教育更侧重于美学的基本理论在教育实践中的运用。也正因为如此，有人曾称审美教育是一门美学的"应用学科"。高校公共审美教育概论同样探讨美学中美及其呈现形态的问题，由此可以提高学生对美的基本理论的理解和实际状况的考察，增强对美丑事物的认识能力和辨别能力。高校公共审美教育也探讨美学中的审美感受问题，通过审美活动特别是艺术鉴赏来提高大学生的心理素质和艺术素养，达到一种健康而高尚的审美境界。高校公共审美教育更从现实的角度突出美学理论中的审美创

造问题，这种创造是在具体的审美教育实践中进行的，它可以使大学生的思想文化素质和审美创造能力得到全面的提高。

其次，高校公共审美教育也要研究教育学中的一些问题，但既不像教育学研究那么宽泛，也不像教育学研究那么抽象。教育学要研究人类教育的基本理论、基本原理和一般规律，所以虽然也要借助一定的物质手段，但从总体上说，它所涉及的这些问题既广泛又集中。高校公共审美教育可以看成高校教育理论的组成部分，涉及的问题较少且具有鲜明的实用性，更因为高校公共审美教育是建立在富有情感而又形象生动的审美教育的基础之上的。所以，两种理论研究的区别，即广泛与专一、抽象与具体的区别表现得尤为突出。

高校公共审美教育是在美学和教育学相互渗透和不断发展的基础上建立起来的。作为一门独立的学科，它们之间存在着相互交叉的客观事实，但是在整体上又各有自己的个性特征。我们对高校公共审美教育的研究要注意美学和教育学的理论问题，但决不为美学和教育学所局限，而应当立足自己的领域，以审美教育理论为指导，注重理论与实践的紧密结合，使高校公共审美教育获得科学而健康的发展。

四、高校公共审美教育是与道德教育结合的审美教育

审美教育与道德教育是融为一体的，但并不意味着审美教育是道德教育的一部分，也不意味着审美教育是道德教育的附庸，而是由于它们都含有一个决定因素——美，正是由于美的作用而使二者融为一体。而这种融合体现在实施道德教育时有审美教育在其中，实施审美教育时有道德教育在其中，这不等于说审美教育就是道德教育，道德教育就是审美教育，而只是内在的美与善的因素决定了二者的融合。认识和把握这一点既有利于加强和提升审美教育，也有利于加强和提升道德教育。对此我们从四个方面来认识、把握。其一，是美善同一，美中有德。发挥美对人的作用的审美教育就含有道德人格教育作用，即审美教育德之功能。实际上，大德为美，美是最高道德的表现，是善的光辉，甚至如美学家朱光潜所说："就广义说，善就是一种美。"席勒也说："谈到道德经验时所适用的一切，必然在更高的程度上也

适用于美的现象。"也许正因为很早就看到这一美善之真谛，孔子才认为"里仁为美"（《论语·里仁》），孟子才说："充实之谓美，充实而有光辉之谓大，大而化之谓圣。"（《孟子·尽心下》）正是由于美善同一、美中有德是一种事实，已获得普遍认同，以审美教育人的审美教育中包含着以道德教育人的道德教育，而以道德教育人的道德教育也可以上升为"审美教育"。

其二，是情感作用。这是指审美教育所独有的情感教育作用，这是由美和艺术对人的情感作用决定的，而这种情感作用既能陶冶情操又能激发道德感，产生仁爱情怀、道德情操和道德行为，所以俄国美学家别林斯基说："美的情感是善的基础，是道德的基础。"法国美学家库申则认为"美感是一种特别情操"。因此，可以说美和艺术对人的情感教育作用必然内含对人的道德作用，能陶冶道德人格，如美学家宗白华所说："艺术的作用是能以感情动人，潜移默化培养社会民众的性格品德于不知不觉之中。尤以诗和乐能直接打动人心，陶冶人的性灵人格。"为此，蔡元培坚信能以美感完成道德，情感能发动道德，他说"于必要时愿舍一己的生以救众人的死，愿舍一己的利以去众人的害。把人我的分别，一己生死利害关系，统统忘掉了，这种伟大而高尚的行为，是完全发动于感情的"，进而说"这是完全不由于知识的计较，而由于感情的陶冶，就是不源于智者，而源于美育"。这也说明审美教育的任务中有道德教育的存在，完成了审美教育任务也就完成了一部分道德教育的任务。

其三，道德教育寓于审美教育。审美教育作为道德教育的手段和方法，道德教育是通过审美教育的形式和途径完成和实现的。道德教育不是讲道德相关的知识内容以体系化的方式灌输给学生，形成枯燥无味的道德教育课堂，而是将道德教育的内容寓于审美教育之中，形成"寓教于乐"。而所谓"寓教于乐"一般认为是沿用古罗马大诗人贺拉斯在谈论诗（戏剧）既要有教益又要有乐趣的一种主张和说法，原文是："寓教于乐，既劝谕读者，又使他喜爱，才能符合众望。"其意义在于指出文艺应有教育和娱乐的双重属性，并且是快乐中寓有教育，而在我们这里则是"寓教于美""寓教于艺"的最高体现，因为美和艺术都会带来快乐。康德指出："美是那不凭借概念而普遍令人愉快，不同程度上受到音乐的激励，受到净化，因而心里感到一种轻松舒畅的快感。"正是这种能带给人乐趣、愉快的美和艺术的教育形式、手段和途径赋予道德教育，使道德教育成为"寓教于乐"的道德教育，改变了道德教育的无趣味、无快乐、无魅力的面孔，形成一种教师乐教、学生乐学的快乐道德教育。道德教育寓于审美教育也就是要达到这样的效果，这是审美教育之中道德教育的必然表现。

其四，是用拥有高尚的道德人格及其行为表现的道德典范、鲜活的感性形象教育人。可以将道德教育与审美教育融为一体，构成道德教育的审美教育乃至审美教育的道德教育。这是因为，一方面，这一形象体现的是道德的感性存在，是活道德，可以唤起道德的直观感受，是一种感性教育；另一方面，这一形象又显现着人的美，因为人的美是由人的内在美决定的，主要是道德人格，即品质、心灵、情怀和整个精神境界的美。所以用这一形象育人，就既是道德教育的，也是审美教育的，而且由于诉诸了道德形象的教育也成为最有感性魅力的道德教育。因为这种审美教育和道德教育合一的教育，最能给学生以强烈的、持久的感动和心灵的震撼，最能唤起对道德之人、大美之人的热爱之情、敬仰之意、崇拜之心、追求之志，进而也会激起自己也要成为这样的人的欲望和冲动，从而产生为自身立德立美的自觉。这是审美教育和道德教育作为人的教育所获得的最伟大的成果，也是其他教育所难以获得的。这是构筑和实施道德教育与审美教育融合的教育的最高意义之所在。

五、高校公共审美教育是与智力开发教育结合的审美教育

智力开发教育之中有审美教育，审美教育之中也有智力开发教育。智力开发教育是高校教育占主体主干地位的部分，审美教育融于智力开发教育，审美教育是学校教育的全过程中的审美教育。如果说智力开发教育中没有审美教育，那就既说明审美教育不是教育整体中的审美教育，也说明审美教育是不完全的审美教育。然而事实上智力开发教育中普遍存在着审美教育。智力开发教育的各学科课程，包括教材和教学内容与形式中都有审美教育，智力开发教育中普遍有审美教育，也决定了智力开发教育中审美教育的存在。

具体说，主要体现在两大方面：

其一，这种智力开发教育的审美教育是由智力开发教育的诸学科课程（包括数理学科和人文学科）的内容和形式中普遍有美决定的。有美，这是个前提和基础。在教育教学中发现这些美，揭示这些美，引导学生进入审美活动感受这些美，唤起美感体验，这样知识理性认知与文化感性的审美认知相并行，并且相互作用，也就是以文化知识育人与以审美育人进入同一个教育活动过程，这表明智力开发教育进入它的审美教育高境界，审美教育进入了智力开发教育的深层领域。这里的关键还在于看到这些美，不管是内容上的或深层内涵的，还是形式上的，都要感受到它的存在。其中语文课程中的语言艺术的美，包括诗、散文等文学作品的内容和语言形式的美，也是容易让学生感受到的，而数学、物理、化学等自然科学中的美，则需要深层的发现。但必须坚信科学之美的存在。大科学家杨振宁曾说"科学中存在美，所有的科学家都有这种感受"，并点出"现象之美、理论描述之美、理论结论之美"，并且在谈及物理学家狄拉克时指出："如果你遵循你的本领提供的通向美的向导而前进，你会获得深刻的真理。"英国哲学家、数学家罗素认为："数学不仅拥有真理，而且也有至上的美，冷静而严肃的美，像是雕像的美。"英国作家奥茨也肯定地说："高深的数学和物理学可以像诗一样美。"著名化学家门捷列夫也认为在科学的大厦的各种关系中包含着"最高度的美"。而这些美我们可以称为科学美和理论美，是科学知识的最高层次上的表现，可视为科学真理的光辉。此外也有表现科学内容的形式和现象的美，诸如对称、曲线、结构、动态、运转、光谱、色彩、声音等和谐所含的美。一些表现科学真理的公式、定理、算式、符号、表格的美等，揭示出这些美、唤起学生的美感，乃是科学知识教育的最高境界的标志，也体现了智力开发教育与美育的同在。

其二，审美教育有智力开发教育功能，而且是提升的功能，智力开发教育不仅是传授知识的教育，也是提高学生智能的教育，包括认知能力、思维能力、求知探索能力、创造能力等。而这智能的提高只有在审美教育的帮助下才能达到，或者说只有在审美教育的帮助下才能使学生拥有高智能、大智慧。这体现在两方面：

一是情感作用。审美教育通过美和艺术育人产生的情感陶冶作用，使人产生积极的高尚的感情，是追求科学真理、科学发现和科学创造的动力，也是造就高智能、大智慧的情感力量。列宁说："没有人的感情，就没有也不能有人对真理的追求。"别林斯基认为，"缺乏这种情感，就会没有天才，没有才华，没有智慧"，而且"没有感情的理智会引来偏见，造成怪僻之论"。这种美和艺术的情感是以美感建立起来的大爱之情，追求理想的激情是伟大情怀的高尚之情，正是这种情感，才能转化上升为追求真理的意志力量。

二是感性形象的感性作用。审美教育是感性教育，它诉诸美和艺术的感性形象作用于人的直觉感受，这会锻炼并增强学生的直觉能力、想象能力乃至创造思维能力，而创造性思维能力是高智能、大智慧的标志，也是科学创造力的来源，而创造性思维是由抽象思维（逻辑思维）、科学思维与形象思维（艺术思维）、审美思维的统一构成的。事实上，任何伟大的科学家的科学探索和创造发明都是与形象思维、审美思维及其灵感和悟性的帮助分不开的，科学创造思维能力是由艺术思维与科学思维两只翅膀起飞的，折断了哪一只都难以飞起来。也正是在这个意义上，创造性的潜在能力，是把科学的能力和艺术的能力一起包括在内，是统一的。同时，科学分析的因素和艺术的因素不仅可以和平共处，而且还可以相互补充。上述两方面说明智力开发教育与审美教育相融合是符合规律也符合目的的，既是智力开发教育上升到最高境界的需要，也是审美教育固有功能必然导致的结果。

第二节　高校美育的特征

高校美育的基本特征主要有形象性、情感性、实践性。

一、高校美育的形象性

高校美育以形象为物质手段，它是通过审美对象的鲜明生动的形象来感染和教育学生的。

（一）形象性的基本内涵

形象性作为高校美育的基本特征，主要是指审美教育是一种形象的教育，它所使用的手段，不是抽象的概念、逻辑的演绎、道德的说教，而是具体可感、鲜明生动的形象。高校美育主要是借助生动的、美好的事物在视觉、听觉、触觉、嗅觉等情感传输器官产生审美心理的变化，以提升学生的审美情趣，树立审美情感。将真、善这些道德知识体系融入美的形象之中。因此高校美育主要不是用概念、判断、推理的逻辑形式去引导教育对象的，而是用美的形象展示，来引导学生感受美、欣赏美、理解美和创造美，从而达到建设完美的审美心理的目的。

（二）高校美育以形象为手段

高校美育的特征决定了高校美育是以形象为手段的。在确保审美对象的特点和审美特征的基础上实现感性的和理性的形象的审美体验。具体而言，无论是艺术美，还是社会美，这些形象都是以审美对象的特征，以及表现的形象为基础的。车尔尼雪夫斯基说："形象在美的领域中占据统治地位，如果没有形象性，也就没有审美对象，也就没有美育。"

自然美的形象是美育的重要手段。在运用美的自然景物进行教育时，自然美总是在具体性感的、生动鲜明的形象中显现出来。例如，西湖之美，并不是抽象的概念，如果抽象地谈论西湖，决不会引起人们的美感。然而，当受教育者亲临西湖，可以斜倚在花岗的曲栏旁，俯瞰池中红鱼嗫浪；可以小憩于繁阴秀木之下，欣赏那莺啼碧波；或步入通幽曲径，于暮霭沉沉中静听那回荡群山的晚钟。还可以随着季节晴雨的变化，观赏西湖淡妆浓抹、妩媚动人的风姿。春夏风和日丽之时，碧波千顷，涟漪不惊，红日朗照，浮光粼粼，具有一种浓艳华丽的美，而秋季阴雨连绵之时，山峦起伏，一抹浅黛，雨帘重裹，影影绰绰，又有一种淡雅素净的美。再加上亭桥楼榭，露荷霜枫的点缀渲染，更使西湖恍若仙境一般。见到西湖这些千姿百态、情趣各异的动人形象，人们自然会沉浸在美的享受之中，感受到西湖之美、祖国河山之美，一种热爱美好生活、拥抱美好生活的感情便会油然而生。

　　不仅自然美如此，社会美也是以具体的形象来感染人、教育人的。五十年代的共产主义战士雷锋的精神美，是通过他的言行所构成的崇高形象表现出来的。正是因为雷锋"自己活着，就是为了使别人过得更好"，对待同志像春天般的温暖，对待工作像夏天一样的火热，对待个人主义像秋风扫落叶一样，对待敌人像严冬一样残酷无情，所以他给人们树立了美的形象。八十年代的老山前线一等功臣徐良的心灵美体现在战斗时英勇杀敌、冲锋陷阵的行动中，体现在负伤致残后奋斗不止、残有所为地进取行动中。他们的精神美和心灵美不是抽象的，而是鲜活地展现出来的，因而能感动千百万人，成为青年的风范、时代的楷模。

　　艺术美的形象比现实美更集中、更鲜明。艺术教育是高校美育的重要组成部分。马克思指出："艺术对象创造出懂得艺术和能够欣赏美的大众，任何其他产品也都是这样。"之所以能够"创造出懂得艺术和能够欣赏美的大众"，是因为艺术通过典型形象表现创造主体的感情，以唤起欣赏主体同样的感情。列夫·托尔斯泰说过："在自己心里唤起曾经一度体验过的感情，在唤起这种感情之后，用动作、线条、色彩、声音以及言词所表达的形象来传达出这种感情，使别人也能体验到这同样的感情——这就是艺术活动。"艺术作品用经过加工提炼的、具体生动的生活图画来给人以审美享受和审美教育。比如孙家钵在特殊时期创作的木雕《屈原》，表现了作者"对祖国、对人民深沉的爱"，寄托了他忧国忧民的感情。作者说这些感情是通过"一个从一块动乱的体积中冲出去的直线"来表现的。人物"两臂向下用力压着这吹起的袍子，并与上身的衣纹形成直线，一直向上冲去，直到头"，用这条冲出去的直线表现屈原虽九死而不悔的那种对祖国和人民坚定的爱和正直的品格。人物下身"一切动乱的体积加强他因爱、因忧、因无能为力而烦乱的心情"。从这种上直下乱、上静下动的人物形象中，人们不难获得一种爱人民、爱祖国的强烈的艺术感染和审美教育。

　　总之，高校美育是以审美对象的感性形象施教的，是在实施美育的过程中不断强化和突出美的形象，而学生又总能通过对形象的感受来领悟美的内涵，接受美的教育。

在高校美育中，学生的审美感受具有直觉性，这是高校美育以形象为手段的重要特点。美是通过具体可感、生动鲜明的形象表现出来的，人们欣赏美的时候，必须从直观的形象开始，而美感是由审美对象（美的形象）诉诸审美者（受教育者）感官所引起的精神活动，因此，整个美育活动也必然在直观的形象交流中进行。

所谓美感的直觉性，是指感受的直接性、直观性。审美和美育的过程始终要在形象的、具体的感受中进行。要领略桂林的山水、《诗经》的风情，不能只听他人的介绍和议论，而应当亲身去感受。审美感受的直觉性，还指人们在审美教育过程中，无须经过思考，便可以不假思索地在瞬间判断出对象美或不美。美感的直觉性使美育和道德教育、智力开发教育大不相同。道德教育、智力开发教育过程中，一个伦理规范或一个数学公式，不可能一下子被学生认识，往往需要一个概念、判断、推理的过程。而美育过程中，人们都会有这样的感受，无论是远眺天际层层叠叠、蜿蜒起伏的群山，还是近看林泉幽深、苔衣斑驳的古寺；无论是仰望枝干虬盘的山巅古松，还是俯视清澈见底的池里游鱼；无论是玩赏鬼斧神工、剔透玲珑的工艺珍品，还是静观风格隽永、诗情画意的摄影作品，一种美的形象会第一时间占据你的意识，使你聚精会神地欣赏它，领略它，把它以外的一切事物都暂时忘却。这种感受就是形象直觉。在这里根本不需要精心的理性思考和严密的逻辑推理，而是完全凭直觉。这时如果脱离审美形象去做喋喋不休的分析、推论，反而会破坏学生对形象的感受。因此，高校美育不能用概念的说教去干扰形象的直觉，而是紧密结合形象，以便深化学生的审美感受。

在高校美育中，受教育者对形象的直觉像是"不涉理路，不落言筌"，是"一味妙悟"，但是它并不像某些西方美学家所说的，是与理性相对立、不相容的，而是以形象直觉渗透到学生日常积累与审美对象有关的感性经验和理性认识中为基础的。从表面看来，受教育者在接触美的形象所引入美的感受是在一刹那完成的，其中没有什么功利和实用方面的考虑，也没有经过逻辑的推理和判断，但是这种审美直觉中，却潜藏着对事物内容、形式的本质的理解。审美直觉（形象直觉）是一种在长期的知识学习、技能训练、经验积累的基础上，"理解了之后的更深刻的感觉"。所以，车尔尼雪夫斯基主张："美感认识的根源无疑是在感性认识里面，但美感认识毕竟与感性认识有本质的区别。"因此，在高校美育过程中，我们应该引导学生学会在美育理论指导下，深入理解、品鉴美的形象，而不是停留在瞬间的直觉上。美的形象可以在一瞬间抓住人们的感觉，但并不会让人一品就透，这是因为美的形象中蕴含着深刻的理性精神。

比如欣赏米开朗基罗的著名雕塑《大卫》，首先从对这个美的形象的直觉开始，大卫那厚实健美的身躯，充满力量的臂膀，头部微俯，怒目直视，右腿前跨，右手下垂握石，左手拿着肩上的"甩石带"，一副迎战的雄姿，会立即使学生产生壮美的强烈感受。但是，这种感受还是不明确、不稳定的，如果让学生知晓《圣经·旧约》中大卫杀敌卫国的故事，并了解米开朗基罗痛恨暴君，向往民主与共和的思想，那么学生就会进一步展开联想和想象，领悟米开朗基罗塑造大卫的形象，并不是单纯再现《圣经》中的传说故事，而是要表达他反对封建专制制度，保卫民主与共和的人文主义理想。这样，学生对于大卫形象的感受就会更深切，更清楚。在高校美育中，不能仅满足于形象直觉对学生的作用，而要引导他们进一步展开联想和想象，深入体验其中的韵味，达到新的审美理解，这样才能不断加深审美感受，积累审美经验，提高审美能力。

（三）形象性的艺术效果

高校美育是形象性的教育，它以丰富多彩而又饱含感情的形象诉诸学生的直觉，因此这种形象性的教育具有为学生喜闻乐见、易于接受的艺术效果。

美育形象性的艺术效果，早就受到人们的重视。比如在我国周代，壁画已经很普遍，当时在宫廷庙堂绘制的历史故事图画，除了装饰作用之外，还常有政治宣传、劝善戒恶的目的，所以古代画论说："画者，成教化，助人伦。"这就可以见得美育形象性的艺术效果。今天，在高校美育活动中，我们应该充分利用美育的形象性特征，科学地加强高校美育的教育效果。

目前，美育形象性的艺术效果越来越受到道德教育、智力开发教育、体育界的重视，有些已经为它们所吸收和利用，逐步形成美育对道德教育、智力开发教育、体育的渗透，使它们在某些方面也具有形象性，从而提高教学效果和教学质量。这种利用形象性的艺术效果进行教学的方式，被称为"艺术化教学"。在教学过程中，公式、推论、说理转化为容易让人感知的形象，科学知识由抽象的符号转变为具体可感的形象。由于形象化的美具有最为学生喜欢和接受的艺术效果，所以在其他教育中引导学生求真向善的时候，把美育渗透其中，充分利用它的形象性，往往会取得事半功倍的效果。比如在道德教育中穿插生动有趣的故事，在智力开发教育中用形象的比喻说明某些现象，把定理、定律排成图表形式等，都会大大提高学生的学习兴趣，深化学生的理解程度。

但是，道德教育、智力开发教育、体育运用了形象性的方式，并不能使其自身变成美育，从而取消美育的独立地位。因为它们所具有的形象性的程度不一样，而且还有着不同的教育目的、任务和性质，由于高校美育是以生动可感、具体鲜明的美的形象作为物质手段，直接诉诸学生对形象的直觉，所以才能以它独特的艺术效果感染学生。

二、高校美育的情感性

高校美育又是一种情感教育，它是通过以情感人、以情动人的方式来达到陶冶学生、教育学生的目的。

（一）情感性的基本内涵

情感性是高校美育的又一个基本特征。所谓美育的情感性，是指美育是情感教育。它以审美对象激发人的审美情感，使受教育者通过亲身的情感体验，产生肯定或否定的审美评价，从而获得情感的共鸣、情绪的陶冶、情感的净化和心理的平衡。

高校美育靠审美情感来打开受教育者心灵的大门，让学生在感动中怡情悦性。美育中的审美情感不属于智力开发教育中的情感。智力开发教育的情感常表现为好奇心、求知欲等，在进行科学探索时，必须把智力开发教育情感压抑下去，进行客观而冷静的思考。而审美情感则不同，它直接渗入美育的全过程，使美育变成一种情感体验。审美情感也不同于道德教育中的道德情感。道德教育情感的灌输常靠抽象的理论教育，而审美情感则通过具体生动的形象来感化人的心灵。而且，道德教育情感要求立即转化为符合道德准则的现实行动，而美育中的审美情感一般并不要求立即转化为现实行动，而是通过情绪感染来达到美育的目的。高校美育中的情感渗透于丰富生动的具体形象，而且充斥着审美教育的全部过程，因此，情感性是美育区别于其他教育的重要特征。

（二）高校美育以情感人

以情感人、以情动人是高校美育的情感性特征的具体表现。

高校美育之所以需要并能够以情感人，是由美的本质特点所决定的。马克思主义认为，美是人的本质力量的对象化，因此，美不但具有形象性，而且由于它体现了人的本质力量，还具有人的情感、人的智慧和人的力量，这是高校美育能够以情感人的根本原因。

美的事物使人们直观地看到自身的本质力量，所以人们从欣赏和创造美的活动中，易于激起感情的波澜，得到精神的满足和愉悦。事物的形象并不都是具有情感性的，一个形象没有体现人的本质力量，没有蕴含着审美情感，那么即使它有着漂亮的外表，也只是毫无生气的形式，而不是美的形象。美的形象由于包含着人的自由创造的力量、对创造美好生活的向往和追求，必定会使人们产生健康的、向上的、高尚的情感。

高校美育是用显现人的本质力量的美的形象作为手段的。因此，不仅是形象的，而且是充满情感的。形象性和情感性是高校美育的基本特征，两者是相互渗透、相互补充的有机整体，这一点在许多美育现象中得到确证。

米洛斯的断臂维纳斯，是精美绝伦的艺术珍品，动人的形象洋溢着古希腊不知名的雕塑家的深厚情感，是高校美育以情感人的优秀素材。维纳斯塑像凹凸有致的身姿、静穆典雅的表情，体现出人性的尊严，充满着生机和活力以及对于自由和幸福的追求，所以能够激发人们纯洁真挚的感情，这就是以情感人给人们的教育和享受。

高校美育要以情感人，这是由美的本质特点所决定的，是因为美体现并肯定了人的本质力量，但同时它也和美的感性形式紧密联系。这是因为人的本质力量是通过美的形式表现出来的，高校美育以情感人是从对美的形象的具体感受开始的。杜勃罗留波夫指出："我们的感情总是被生动的形象所引起的，而不是被一般的观念所引起的。"没有生动的美的形象，以情感人就无从谈起。美的形象，让人悦目赏心。悦目是指视听觉的审美感受，而赏心则是心理的精神愉悦。从视听觉的愉悦，进而赏心惬意，人们便从美的形象中获得了审美的感受、体验、领悟和理解，这是一个充满着美的享受的过程。正是在这种审美享受的过程中，教育者以情感人，以情动人，使受教育者的感情受到陶冶，心灵受到教育。

我国南朝梁人吴均在《与朱元思书》中曾形象而生动地描绘过富春至桐庐一带"天下独绝"的"奇山异水"，从中我们可以看到美的形象是如何让人陶醉，引起情感的变化的。"水皆缥碧，千丈见底，游鱼细石，直视无碍。急湍甚箭，猛浪若奔。夹岸高山，皆生寒树；负势竞上，互相轩邈；争高直指，千百成峰。"这种山水之美给人的视觉感受是悦目怡神。"泉水激石，泠泠作响。好鸟相鸣，嘤嘤成韵。蝉则千转不穷，猿则百叫无绝。"这山水之美给人的听觉感受是悦目舒心。在这种山水美景给人的享受之中，人的心灵也会变得高尚起来。这种思想感情的变化都是由"奇山异水"的美好形象作用于人的心灵而带来的。

高校美育以丰富生动的形象在以情感人的方式中进行。这种方式有其内在的两个特点：一个是心理的自由活动，另一个是心灵的潜移默化。

人都有爱美的天性，当代大学生更有着强烈的审美需求，因此高校美育不需要灌输、强迫，也不借助于意志、毅力，它完全可以用自由的方式来满足学生的审美需求。在高校美育过程中，学生不是被动的、受支配的教育对象，而是主动积极地去获取教育的。以情感人的过程是一个自由自觉的过程，是一个激发学生的情感、思想，进行自我教育的过程。

在高校美育中，学生总是怀着强烈的情感投入审美活动的，总是出于内心热切的愿望而不是由于外力的强制去听音乐、看画展、欣赏游览名胜。那些令人景仰的英雄事迹，由于闪烁着行为美、心灵美的光辉，也同样能强烈地吸引学生去学习。英雄模范人物的心灵美、品德美、情操美，同样能使学生从羁绊中超脱出来，得到一种崇高的美的熏陶。

高校美育以情感人，既能使学生自觉自愿、主动热情地去寻求审美教育，又能日积月累、潜移默化地使学生受到情感净化，在得到审美享受的同时，接受了审美教育。

高校美育也是如此，它以情感人、以情育人的效果，不是一朝一夕能够见到的，而要靠长期的美育实践对学生不断地进行熏陶和浸润，使学生的情感在耳濡目染和潜移默化中得到净化和升华。当然，以情感人的成果虽然要经过长期日积月累才能实现，但这并不是说我们只能消极等待、无所作为。相反，我们必须抓紧时间，采取多种多样的形式，科学地实施高校美育，这样才能尽快为国家的繁荣富强培养出全面发展的人才。

三、高校美育的实践性

高校美育主要是美的鉴赏和创造过程。在这个过程中，无论是"创造美的对象"，还是创造"能够欣赏美的大众"，都离不开人的实践活动。实践性是高校美育的基本特征。

（一）实践性的基本内涵

高校美育除了形象性、情感性之外，还具有实践性的本质特征。所谓美育的实践性是指美育是一种实践性教育，它自始至终都伴随着人们，特别是精神的劳动创造。高校美育的过程通过欣赏和创造的方式，让学生在实践中亲身感受、体验、领悟美的真谛，以帮助学生树立正确的审美观和崇高的审美理想，切实提高他们在生活中欣赏美、创造美的能力。

高校美育之所以具有实践性的特征，从根本上说，是因为美是在实践中创造的，美感也是人们在实践中获得的。离开了人的实践，就没有美和美育。高校美育的全部活动必须在实践中进行，在实践中完成。

马克思主义认为，美的本质是人的本质力量的对象化。人类正是通过生产实践、艺术实践和社会实践等各种实践活动，使人的本质力量在对象中实现，从而使自然的对象成为属人的对象、美的对象。

美感是人对自身本质力量的观照，它也是在人的社会实践中形成的。人通过实践创造了美，又在实践中从自己所创造的"审美王国"里，直接地观照和肯定自身的本质力量，于是获得了美感。

美的存在，美感的获得，是美育的必要条件，美和美感的实践性必然带来了美育的实践性。高校美育要提高学生的审美能力，培养学生健康、高尚的审美趣味和崇高的审美理想，如果离开了社会实践，这都是无法实现的。

在知识教育中，可以利用逻辑的推理、语言的阐述，使学生获得新的知识。比如某一历史时期的社会状况，今人已不能再经过亲身实践来认识，但是通过他人的叙述、分析，却可以了解；学生对某一公式的掌握，不一定非得亲手去检验，有时用数学推导也可以得到证明。高校美育就不同了，虽然需要美育理论的指导，但它并不仅仅是美育知识的传授，更应该培养学生的审美创造力。高校公共美育也不仅仅以形象诉诸理智，使学生从理论上认识美，更重要的是诉诸实践，使学生通过对美的欣赏，在情感上受到感染。况且，美育欣赏和情感体验是一种模糊的创造性的精神活动，其中的某些感觉往往是只可意会而难以言传，它要靠学生在实践中亲身感受、体验和领悟。因此，高校美育必须注重实践，特别是让学生亲眼看、亲耳听、亲手做、亲身体验和理解。实践性是高校美育区别于其他教育的又一个显著特征。

（二）实践性的存在方式

高校美育实践性有两种基本的存在方式。一种是静态欣赏的方式，另一种是动态创造的方式。所谓静态欣赏的方式，是指学生运用对审美对象的静观、欣赏等方式，通过对自然美、社会美和艺术美的直观接触，引起联想、想象、理解等心理活动，使学生沉醉于美的享受之中，得到美的熏陶和感染。相对来说，这种心理活动是一种静态的实践活动。所谓动态创造的方式，是指在美的创造实践中，通过创作、操作活动，获得亲身体验和享受。由于它通常要借助于学生的劳动创造，所以我们说它是一种动态的实践活动。过去有些美学教育家片面理解美育的实践性特点，只把美育实践限制在静态观赏上，认为静观这种"阿波罗式的精神观照"是人类活动的最高方式，是人生最高幸福。实际上比起静态观赏来，动态创作是一种更重要的美育实践。受教育者在亲身创造美的活动中，能更强烈地感受美、体验美，因而也就更加深刻地理解美、把握美。

高校美育无论是运用现实美还是艺术美进行实践活动，都要把上述两种美育方式运用到美育实践中去。

现实美的欣赏和创造是实施高校美育的重要的实践方式。现实美分为自然美和社会美，学生对于美的热爱往往是从欣赏大自然开始的。要使自然美的实践方式取得良好的教育效果，教育者必须运用科学的方法对学生进行指导。首先，要因时制宜。"春山淡冶而如笑，夏山苍翠而如滴，秋山明净而如妆，冬山惨淡而如睡。"四时之景不同，审美情趣也各异。由此可以引导学生春游芳草地，夏赏绿荷池，秋饮黄花酒，冬吟白雪诗。根据时节的变化，置身于情景相融之中，人的审美感受就会油然而生。其次，要因地制宜。不同自然景观有自己特殊的状貌。如泰山以雄伟著称，黄山以奇特见长，华山以险峻闻名。这些都需要实践去体验。

社会美的实践方式是现实美实践方式中最主要的部分，也是最令人向往的部分。常见的有专题报告、艺术讲座、实地参观等形式，还可以进一步采用访问、考察、社会调查等方式。根据社会美侧重于在感性形式中体现理性内容的特点，帮助学生学会用马克思主义的世界观和方法论去认识、分析各种社会现象，深刻把握社会美的本质和特点。可以组织他们写访问记、考察报告、调查报告，举办讲演会、报告会等。提倡评头论足，这样就能进一步提高学生的社会责任感，培养学生评美论丑的胆识，引导学生去按照自己在评论中所提出的审美理想来规范自己的言行，从自己做起，为社会增添美的光彩。

艺术美的创造是更为重要的实践方式。它的主要目的是充分发挥每个人艺术创造的天性，在创作的自娱和娱人的过程中，得到情操修养上的教育。艺术创作是情感的表达，在表达过程中，人们的情感会趋向浓烈、得到净化，从而向高尚的境界升华。美育应该鼓励学生用艺术的手段表达健康、美好的感情。通过亲身经历的艺术创作提高自己的审美能力，要比仅仅用感觉去欣赏他人的艺术作品提高审美能力丰富和深刻得多。总之，通过各种艺术创作活动的方式，可以强化学生的审美感受能力和艺术创造能力，使学生追求高尚有益的精神生活。

艺术美欣赏和创造的方式是多层次的，也是多种类的。我们要善于根据学生的特点和具体条件来运用。比如：举办艺术节、参观艺术展览会、举行文艺知识竞赛和文艺演出比赛，邀请著名艺术家举行座谈会和报告会，组织各种文艺社团、建立艺术橱窗等，丰富的艺术形式能更好地吸引学生主动参与。

第三节　高校美育的功能

一、美育的教育功能

（一）美育是感性与理性的统一教育

美育是感性和理性协调统一的教育。首先，美育具有完整性与和谐性。它通过直观形象的事物培养人的整体反应能力，使人的心灵达到和谐与自由，从而促进人格的完善。其次，美育具有感性与理性，形象思维与逻辑思维相融合性。它通过对感性事物的直观接触，达到对其中蕴含真谛的深刻领悟和全面把握，从而开启人的创造能力，给人的理性世界带来灵性和感染力，使科学精神与人文精神完美地结合。

第一，以形象感化人，善在其中。美育是以美的事物为内容，通过审美形式去感染与教化人。美的事物就是美的形象。任何美的事物都以鲜明可感的具体形象呈现在人们面前。如社会中的英雄模范人物形象；五光十色的物质产品美的形象；自然界中山水花鸟的形象；艺术作品中塑造的栩栩如生、千姿百态的艺术形象等。黑格尔曾说："美只能在形象中见出。"所以，审美教育就是形象美的教育，这种形象美的教育，并不是道德说教式的，而是使学生在对美的赞叹与感受中，潜移默化地吸收了美中所蕴含的善，在不知不觉中接受了道德情操教育，使心灵受到陶冶。

第二，以情感打动人，理在情中。审美活动是一种情感活动，但它总是带上浓重的道德的、伦理的美丑评价的主观色彩，审美是寄理于情的美感活动，这个特点在艺术欣赏的美育活动中更为明显。艺术教育正是以艺术作品的真情打动人，使学生在灼热的真情熏陶中，赞叹、动容，或喜或怒，或乐或悲。在自始至终的情感活动中，受到情感中蕴含的"理"的陶冶。

第三，以情趣娱乐人，教在乐中。美的事物具有愉悦性的特征，正如车尔尼雪夫斯基所说："美的事物在人心中所唤起的感觉，是类似我们在亲爱的人面前时洋溢于我们心中的那种愉悦。"人有爱美的天性，美的事物对于审美主体有着强大的吸引力和诱惑力。只要哪里有美，它就像磁石吸铁般诱发着人去追逐，去享受。所以，人们接受审美教育是积极主动的，欣然愉快的，心甘情愿的，不带有任何强制性和灌输性。学生在感受美的愉悦中自觉地接受了美的教育。

（二）美育是全面教育的重要组成部分

美育是全面教育不可或缺的支柱之一，对提高人的思想道德素质、科学文化素质、身体心理素质等方面起着不可替代的作用，具有独特的功能。第一，美育在提高人的思想道德素质方面，具有陶冶人的情感、净化其心灵的功能。审美教育活动是一种情感活动，尤其是艺术的审美活动，因为艺术本身有表达情感的美学特性，艺术活动就是情感活动。"艺术是这样一种人类活动：一个人用某种外在的标志有意识地把自己体验过的感情传达给别人，而别人受到感染，也体验到这些感情。"这在我国古典《乐记》中也有明确的记载："夫乐者，乐也，人情之所不能免。"艺术是表现人情感的，艺术是令人愉快的，是表达人的情感不可缺少的。正因为艺术美具有传达情感的美学特性，所以，人们在艺术的审美活动中，是在艺术美的情感强烈感染下，是在喜怒哀乐的美感状态中吸收美，感受美的。学生经常参加艺术的审美教育活动，情感会得到不断的陶冶。

美育既然具有陶冶情感的功能，随之就产生了净化人心灵的审美作用，即先动情，进而动心，这是深层次的美感教育。《乐记》中说："致乐以治心。"又说："乐也者，动于内者也。"用"乐"达到治心的目的，艺术能感动人的内心。《乐记》中的论述，阐明了美育活动具有净化人心灵的功能。它首先以情动人，引起人们的共鸣，会令你心神迷醉，进而潜移默化地渗透到内心，影响内心世界的变化，心灵得到升华与净化。19世纪匈牙利音乐教育家李斯特说："音乐能同时既表达了感情的内容，又表达了感情的强度……它可以渗入我们的内心，像箭一样，像朝露一样，像空气一样，充实了我们的心灵。"音乐艺术的美感是这样，语言艺术也同样是以情动人，进而动心。古罗马修辞学家朗吉弩斯论述文字的审美功能时说："通过文字本身的声音，把作者的情感传到听众心里，引起听众和作者的共鸣……使我们心迷神醉地受到文章中所写的那种崇高、庄严、雄伟以及其他一切品质的影响。"

第二，美育在提高人的科学文化素质方面，具有激发创造灵感、开发智力的功能。审美教育的基本内容是艺术教育。心理学实验表明，艺术具有刺激人的神经兴奋、促进思维积极活动的审美作用。特别是形象思维，在接受艺术信息刺激后，更加活跃，很快转为表象的潜意识活动，也就是想象活动，使大脑皮层形成一个兴奋点。这种兴奋点，随着想象活动的展开逐渐扩散开来，在这种意识控制下的潜意识活动中，大脑皮层的抑制机制也开始启动，也就是第二信号系统也开始活跃起来。就是说，在美的信息刺激下所引起的形象思维活动，促使逻辑思维也开动起来，从而激发创造灵感。

美育是培养学生想象力和理解力的有效途径，是增强智力的动力因素。对于科学家而言，艺术是激发科学发明想象的动力因素。爱因斯坦酷爱音乐，他发明相对论的想象力和音乐艺术的激发是分不开的。对于艺术家而言，艺术更是获得灵感的因素。舒伯特如果没有莱斯塔勃的那首诗歌的激发，也就不会产生《小夜曲》的创作灵感，优美动听的旋律就不会诞生。对于学生而言，艺术的审美教育能培养与丰富想象力、理解力和创新能力，促进思维活动，增强思维能力，对于所接受的知识理解得既快速又深刻。

（三）美育是创新教育的重要体现

加强自主创新，建设创新型国家，是我们党综合分析世界发展大势和我国所处历史阶段提出的重大发展战略。自主创新靠人才，人才培养靠教育，集聚和培养创新人才是高校创新能力的重要体现，也是高校对社会的最大贡献。创新精神作为当代大学生的基本素质，会在各种教育活动包括审美活动中显现和造就，尽管不同活动中的创新精神在形式与内容上有所不同，但却是相通的。正因为如此，注重学生在审美活动中的创新精神培养非常重要。

从特殊功能上看，美育是培养想象力以及与之相关的审美趣味能力的重要环节。这种能力不仅指一种狭义的审美能力，而且更是指人的综合素养，因而同时关乎人的智力和专业水平，并以想象、创新、创造的形式表达出来。正如牛顿从苹果落地发现了万有引力定律，瓦特从开水顶开壶盖中受到启发从而发明了蒸汽机那样，不少科学家常把他们的科学成果归之于某一次充满领悟及猜测的诗性想象。正是这种诗性想象激活了科学家的创造力，使得他们能够不囿于既有的理论范式，自觉地对其进行思辨和甄别，摆脱原先的理论束缚，找到全新的突破口。从这里我们可以看到，科学的每一次重大进步都是人的智性与悟性的双重演进，绝不是单一的智力程度的进化。因此，美育因其特有的功能，使受教育者得到一种美感的创造升华，它通过调动起来的审美心理，如感知、理解、联想、想象等，刺激和开发人们的创造冲动，进而激发起一种创造的想象，表现出创造的行动。因此，以美育来强化学生的想象力，必然会对创新精神的培养产生重要影响。

从美育与智力开发教育的关系上看，现行的教育体制中的智力开发教育注重求真，而且大多以现成的科学结论作为主要内容，它主要培养的是学生的理解力和一般意义上的动手能力。在这种情况下，真与美比较，美则显得更为重要。原因就在于美育更富于创造性，它对于学生创造力的培养可以发挥独到的作用。19世纪荷兰著名的化学家范特霍夫曾经就想象与科学研究的关系访问过许多科学家，发现最杰出的科学家都具有丰富的想象力。同时，我们也要看到，美育与智力开发教育相比，具有潜在性、间接性、不可测量性，因此，它经常为教育者所忽视。但是我们必须清醒地看到，美育由于它的形式丰富多彩，不刻板、不枯燥，往往成为青年学生喜闻乐见的教育方式。因而高度重视美育，有意识、有步骤地建立和完善美育教育的体系，对于提高学生的求异思维和创造能力可以产生潜移默化的影响。

二、美育的社会功能

审美教育有巨大的社会功能。具体表现为可以激发爱国热情，可以使人开启智慧、追求真理，还可以使人心理健康、道德高尚、身体健美。

（一）美育激发爱国情怀，使人积极向上

古人讲，以铜为镜可以正衣冠，以古为镜可以知兴衰。美育的教学，从不同角度体现了文化之灿烂，山河之壮丽，人格之善恶。由此激发爱国热情是自然而然的，这是美育重要的社会功能。例如，古诗古词古文的欣赏，屈原、陆游、李白、杜甫、辛弃疾，一系列鲜活的历史人物历历在目。品味他们的佳作名句，感受他们的爱国豪情；欣赏祖国的名山大川、历史文物，体验悠久文化，"江山如此多娇，引无数英雄竞折腰"，宋代的名画《千里江山图》和近代傅抱石、关山月的国画《江山如此多娇》，都表现祖国山河是壮丽的、可爱的。即使是欣赏一幅郑板桥画的竹子，仍然可以感受到人格的高尚。"衙斋卧听萧萧竹，疑是民间疾苦声。些小吾曹州县吏，一枝一叶总关情。"以美爱国，以文育心，以象观理，可以增强民族的自豪感，激发大学生的爱国心，培养一种对祖国、对人民的深厚情感，引导广大青年学生产生爱国之情，积极向上，树立正确的人生观、价值观。

（二）美育开发智慧，使人追求真理

美育不仅可以使人爱国，还可以使人追求真理，开发智慧。因为美的事物、美的形象，反映的是客观世界的真情、真事，客观世界是怎样的，我们就应该按照它本来的面目去反映它，这是自然科学、社会科学所要发挥的真谛。培养这种世界观，审美教育是一种最好的形式。追求正义真理，甚至为真理而献身，这是任何时代都倡导的精神。美育教学中，形象思维不是从以抽象思维为出发点这个特征出发的，对于人的智力潜能的开发也是显而易见的。脑部科学的研究成果表明，人的大脑左半球具有抽象思维的功能，右半球具有形象思维的功能。有人问爱因斯坦如何发现那些科学奥秘，他说，对于问题的解答，往往是形象、跳跃式的思维，然后再用逻辑的语言把其表达出来。牛津大学数学家罗杰教授是量子学的创始人，他的代表作《新思维之王》提出人的大脑最微观的是量子。以人做比喻的话，把人缩小到量子大小，如同一个人在同一房间里，可以分裂为多个自己，同时做多项工作，如看书、画画、组装、扫地等，说明大脑潜能是巨大的。许多科学家正在寻找开发大脑潜能的钥匙，审美教育就是形象化的教育，是可以帮助开发大脑潜能的。审美教育就是直觉思维、顿悟思维、灵感思维及多向思维，我国数学家苏步青教授也认为，搞点形象思维，对打开思路、活跃思想是很有好处的。求真与求美也是密不可分的，是同一创造过程的两个方面。在美育中得到一种新的思维方式或新的思路，勇于去开拓、创新，是社会进步与发展的必然要求。

（三）美育净化心灵，使人道德高尚

美育有着让真与美结合的功用。美也同样与善结缘。俄国的别林斯基曾说过："美和道德是亲姐妹。"匈牙利音乐家李斯特曾说："诗歌和艺术天才的使命在于以美的光芒笼罩真理，引导思想高扬，用美激发被感动的心灵向善，使他上升到道德的高峰，在那里自我牺牲变成了享受，英雄行为成了需要，同情代替了情欲，自己什么也不要求，却能从自身找到给予别人的东西。"这段话充分说明了美育对于社会具有心灵净化的功能，从美出发，可以引导向善。我国有一些艺术界的老前辈，如郭兰英、新凤霞，她们都是在学艺中，先学会了做人，最终达到了德艺双馨。美育可以引导人走向道德高峰。孔子说："安上治民，真善于礼。"我国教育部门加大了对美育的宣传力度，用美育占领社会阵地，以大学校园里艺术节等形式开展美育教育，提高大学生的道德情操。这就是美育里净化心灵的作用。

（四）美育调节情绪，使人心理健康

中央音乐学院开设了国内第一家音乐治疗室，许多患者在轻松的音乐声中，恢复了健康。人们常说"笑一笑十年少，愁一愁白了头"。大学生在紧张的专业学习中，有很多烦恼、不如意，如就业压力、婚恋压力、求学的压力等，美育教育中的音乐教育可以调整心理、振奋精神、缓解压力、增强心理防御机制，从而增强了广大青年学生自我调节情绪的能力，营造了用音乐抒发生活、学习压力的良好氛围。不仅是音乐，其他美育活动也都具有调节情绪、舒缓心理压力的功能。如古人看山水画，称为"卧游"，也可以让自己平静下来。书法的练习可以静心屏息，修炼心性。纵情在山水书画中，则心旷神怡，不快、烦恼皆忘。徐志摩的《再别康桥》中写道："那榆荫下的一潭，不是清泉，是天上虹，揉碎在浮藻间，沉淀着彩虹似的梦。寻梦？撑一支长篙，向青草更青处漫溯，满载一船星辉，在星辉斑斓里放歌。"这么美的意境，笔者相信，每个人听了都会振奋、向往。美可移情，调节心理，是人们生活中不可缺少的内容，也是大学生保证心理健康的重要条件。

（五）美育使人修身养性，身体健美

我国医学心理学家丁瓒教授认为，人的许多疾病，如高血压、胃溃疡、神经系统的疾病都与人际关系失调有关。在社会生活中，紧张、悲愁、抑郁，不仅导致心理失常，也同样影响生理上的健康，造成不同的病症。中医认为，怒伤肝、喜伤心、虑伤脾、忧伤肺、恐伤肾。春秋时代的伍子胥一夜之间须发都变白了，是尽人皆知的故事。社会美育活动开展得好，人间温暖如春，多组织一些健康的艺术活动，社会风气就会好起来。大学里学生社团活动、艺术节多开展一些，大学生活也就更丰富多彩。因此把美育教育与运动健身相结合，也是我们美育工作者今后工作中应当着重思考的问题，让高校美育教育的路径更丰富。

第四节　高校美育的原则

美育原则是美育教学必须遵循的基本要求，它是根据美育的目的、特点和美育教学过程的规律概括、提炼出来的，是美育实践经验的总结。作为审美教育的指导性原则，它贯穿于美育实践活动的始终。我们认为，要选择好美育的内容和实施方法应该遵循以下几点。

一、愉悦性与教育性的有机统一

审美教育以美育人，它通过美的事物、美的形态、美的想象，以喜闻乐见的形式，对人的性情进行陶冶，达到悦耳、悦目、悦心、悦意、悦志的教育效果。"寓教于乐"是美育愉悦性与教育性最为有机的统一。

最初的美育形式大多是一种诗教和乐教。古代教民，口耳相传，故重声教。而以声感人，莫善于乐。之所以"乐教为教民之本"，就在于音乐、诗歌往往以其外在的形式和蕴藏的丰富多彩的内涵，引起人们感觉器官的愉悦，因而极易于为大众所接受，甚至不自觉地沉浸于其中，陶醉于其中。

审美的愉悦性能够焕发人们更旺盛的生命力。"小子何莫学夫诗，诗可以兴，可以观，可以群，可以怨。""兴"为诗教之首，它不独是"感发意志"，也能荡涤浊心，振其意气，起着一种情绪激扬奋发的作用。

从教育学的角度看，审美不但是愉悦，是情感的激发和表现，其本身就是对情感的培养和塑造。审美愉悦不是用来迎合大众、媚悦大众的，而是培养和引导参与者树立正确的审美观念，从内心生出快乐。

"迎合和媚悦是不会于大众有益的。"审美作为教育，是建设社会物质文明和精神文明的需要。因而，艺术作品仅仅悦目、悦耳是不够的，还要悦心、悦意、悦神、悦志。审美教育之陶冶性情，就是使性情社会化、理性化，达到一种社会教育效果。但是，美育不同于道德说教，它最终求的不是逻辑思维模式的建立，而是通过一定的审美形象表现出来。席勒把希腊人的竞技、罗马人的角斗看成生命在形式上的体现，从人性的立场上肯定了愉悦的意义。但他又认为审美愉悦来自对"活的形象"的关照。这就是说，"活的形象"既有感性的内容，又有理性的形式，既有生活，又有形象。美通过活的形象来育人，就把教育性寓于一定的审美形象之中，使愉悦性在全面教育的基础上得到美的超越。

一方面，"活的形象"作为教育的内容和方式，使教育本身作为一种审美的过程，它自然不会让学生感到一点强迫的味道。因而乐于接受。另一方面，"活的形象""寓教于乐"，使教育有一种"熏"和"浸"的力量，因而刻骨铭心。孔子闻《韶》乐"三月不知肉味",可见其感受之深。柏拉图要求有本领的艺术家要把自然的优美方面描绘出来。年轻人向往在风和日暖的地方,四周一切都对健康有益,天天耳濡目染于优美的作品,像一阵阵清幽的风,使他们不知不觉地从小培养对美的热爱。

二、美育原理与实践活动的密切联系

美育是在审美观照中进行的。审美观照是一种超越功利的自然感受,一株花在培养它的商人的眼里只是一件可以获取利润的商品,而在观赏它的人看来,红花绿叶,美丽动人,则可以引起感官上的愉悦,获得一种美的享受。知晓了美育的基本原理,才能培养审美感受力、鉴赏力。

美育首先要按照美的规律来进行,要求施教者借助各种审美媒介,诸如环境、气氛、事物、艺术以及施教者自身等审美因素,有意识地创设审美情境,使受教者置身于一定的审美情境之中。因此,教师指导学生游览名胜山川,参观博物馆、革命圣地,或者有目的地观赏义学、舞蹈、电影、电视是十分必要的。在参观游览的过程中,启发学生论长道短,评头论足,做到有感而发,审美感受力、鉴赏力也得到了培养和提高。

然而,仅仅停留在审美的静态观照上是不够的,必须把审美观照与实践活动紧密地结合起来。仅仅静态观照可以引起感官愉悦而不能从内心深处引起深刻的审美情感,真正的审美情感是一种心灵深处的骚动,情感上的共鸣和感性中的领悟。这种美感不仅要有形式的观照,而且还要在运动想象中才能产生。把审美实践活动与观照活动紧密地结合起来,这不但可以进一步巩固提高静态观照对审美感受力、鉴赏力的培养成果,而且可以培养审美创造力。

审美实践活动,实际上就是审美形式的操作和创作过程。大家都知道,美是社会实践的产物,对美的追求,意味着对生活的自由创造。美感的创造过程总是伴随着丰富的想象活动,在主体头脑中对审美对象进行再创造,这不仅是获得美的享乐过程,而且是美的熏陶过程。也只有通过学生亲手创造的美的环境、美的物品,他们才能真正看得见,感觉得到,自觉地成为它的

保护者。

　　对学生进行美的教育，应首先注重学校生活中最基本的实践活动。其次要注意社会实践。再次，还要进行美的物品的制作。在学校中进行美的实践活动，第一，要明确教学是学校生活中最基本、最主要的实践，各门学科从内容到形式都有着丰富的美育因素，教师要指导学生从听课、写作、实验操作和作业完成等各方面去发掘美的不同形式，时刻保持一种融洽舒畅、积极向上的学习气氛，这不但可以使学生热爱学习，而且乐于学习，善于学习；第二，注重课外活动中美育的实施，组织各种兴趣小组和社团，如文学、书法小组，话剧、舞蹈等社团。还可以举办各种讲座、欣赏会等，课外活动的丰富多彩，有助于培养和提高学生自身的审美情趣；第三，引导学生在日常生活中体现美、创造美，在注重语言美、行为美、衣着美的同时，还可以对校园进行精心地绿化，对教室进行合理布置，在宿舍内保持清洁卫生等，让学生通过自己的劳动来美化自己的生活环境。

　　学校是学生生活的主要场所，但不是他们生活的唯一场所。美育实践既要立足学校，还应放眼社会。社会的实践活动不仅包括观看电影、歌舞剧，进音乐厅、美术馆，游览名胜古迹，还包括待人接物要讲究礼貌，公共场合注意自身形象以及助人为乐，敢于同不良倾向或丑恶的行为做斗争。社会是一个广阔的天地，从人们的服装、发型到家具陈设、日用饰物，以及马路边的广告、商店橱窗等都可以发现美，欣赏美，"美就是发现"，生活中不是缺少美，而是缺少发现，社会实践是美取之不尽的源泉。

　　注重美的物品的制作，其内容也是广泛多样的，吟诗作画、木雕泥塑、剪纸刺绣、盆景修饰等都能够使学生丰富表象储存，开拓想象空间，激发受教者的情感，使情感转化为想象的动力，在锻炼学生进行独立思考的同时，变意象为物化。感受美、欣赏美的同时也贡献了美。

　　美来源于生活，只有通过丰富多彩的实践活动，美才能在无形中潜入心灵，扎根心灵。

三、审美情感体验与逻辑思维的紧密关系

审美教育实际上就是一种情感教育,情感是审美的主要特征。一切感人至深的艺术作品都是以丰富的思想和情感打动人心的,情感匮乏的艺术品只能使崇高的题材庸俗化。刘勰曾言:"夫缀文者情动而辞发,观文者披文以入情,沿波讨源,虽幽必显。"作家以情入文,文学鉴赏却是披文入情,换言之,作家的创作,总是由内而外,即先有因客观现实的感悟而产生内在情感,然后用一定的文辞表达出来,而读者阅读文学作品,则是由外而内"沿波(辞)探源(情)",逐步获得对形象的具体感受和体验,引起思想感情上的强烈反应,得到审美的享受。各种不同形式的艺术作品反映生活的方式是不同的。语义用语言符号来描述,舞蹈以形体动作去表现,而音乐又靠音符的流动来展示,至于图画,更常常是画雁不画天,画影不画物,画柳枝摇曳以显示微风轻拂,画罗帐低垂以寓其主人睡意正酣,十分强调以形传神,以不见知所见的艺术效果。这就要求人们在欣赏的过程中,发挥想象和联想,借助语言符号、形体动作以及音符、色彩等外在形式,重新勾画出具体的实感的艺术形象来。由此可见,逻辑思维在美育中的地位是十分重要的。其中理性因素的渗透亦是不可忽视的。

审美教育是一种情感教育所引起的审美感受,审美经验具有不假思索的感性直观。但是,不假思索不等于没有理性因素的参与渗透,就像概念和推理是逻辑认识的外貌和呈现形式一样,审美教育所唤起的审美感受这种非概念的感性直觉,也只是审美感受的一种外貌的呈现形式。审美教育唤起受教育者的审美直觉,感受之中始终积累着理性。对美的理性思考是提高美的鉴赏力、审美能力的重要途径。

当我们读到一本名著的时候,我们会为作品的精彩描绘或刻画而发出惊叹,但是这种最初的审美惊叹毕竟还是比较简单的初级的鉴赏,而比较高级的审美鉴赏则是深刻地领悟、分析之后,借助一定的审美知识并在一定的审美观念理想中进行理性思考。

由此可见,美育在重视情感陶冶的同时,还要重视逻辑思维的发展,培

养对美直接感受的同时，还要进行理性思考，做到感性中把握理性，当一个人真正能够享受美的时候，恰好证明这两种天性的可融性。

四、多样性和渐进性相结合

审美教育不应单一地、固定不变地来进行，它的形式应该是机动灵活、丰富多彩的，按照一定的教育程序，由浅入深，一步一步地作用于受教育者，只有这样，才能使受教育者不仅乐于接受，而且能够接受。

首先，审美媒介的多样性，是指要多渠道、多途径地创造风格各异的审美情境。立足于烟囱林立的闹市，可以听到鸡鸣狗吠的声音；置身于琳琅满目的书架，可以领略到风和日丽的漓江风姿。艺术作品是引起审美情感的最佳对象，可以引导审美主体远远超过个体狭隘的生活经验而获得极为丰富的情感体验。同样，自然也是我们进行美育取之不尽、用之不竭的源泉。德国美学家温克尔曼说过："美是自然界的一种最伟大的秘密。"培养学生对自然美的热爱是对学生进行爱国主义教育的最好方法。除此之外，在各类教学中，在日常生活中，都要随时随地、随景随物地培养学生的审美感受力和审美鉴赏力。

其次，美育实施形式的多样性还表现在要针对学生审美的个性差异，因材施教，使学生的审美能力得到全面平衡的发展。

受教育者的个性差异是十分显著的，他们大多处于生理和心理走向成熟而又不十分成熟的时期，情绪容易冲动，且反差极大，时而粗犷激烈，时而温如细雨，感性的强弱并存，外显内向并举。每个人的生存环境、兴趣爱好、社会阅历又各不一样，因而，在美育的实施过程中，应着眼于他们的差异性，密切注意其内容的不同和程度的高低。

贯彻好审美施教的多样性原则，不但可以激发受教者的审美兴趣，而且可以使受教者的审美能力得到全面均衡的发展，有助于审美心理结构的完善。反之，审美施教如果总是利用单一的审美媒介引发受教者的感受，那么就会使受教者感到乏味厌倦，这不但会妨碍他们能力的提高，而且，还会使他们产生一种逆反心理和抵触情绪。

如果说多样性的审美施教在于使审美心理全面发展而不失去个性的话，那么渐进性的审美施教则在于使审美陶冶逐步深化。使受教者由较低层次的审美感受进入较高层次的审美感受。审美教育不能企求一下子使受教者达到高层次的审美境界，在注意培养他们审美情感的基础上，再进一步培养他们的审美理解力、审美表现能力和审美创造力。然后，才能使他们做到自觉地在静态审美之中，进入一种自由的审美境况，从而使审美情感化为高尚的审美情操，接受审美教育为自我审美教育、自我审美修养。

实施审美教育必须贯彻多样性与渐进性相结合原则。若非如此，便不能使受教者的审美心理结构得到全面而深刻的发展，不能进入一个自由完善的境界，不能"使一切事物服从于美的法则"，并且不能在外部生命的形式中显出内在的生命。要贯彻好这一原则，必须做到以下十二个字——因材施教，循序渐进，因势利导。

第二章 大学生与美育

第一节 大学生审美感受的特征

审美感受，是审美主体在审美活动中产生的极其复杂的心理活动和心理过程，它包含感知、想象、情感、理解等基本因素，这些因素互相作用，贯穿于审美活动的全过程。审美活动首先以感知为基础。人要感受客观对象的美，就必须以直接的感知方式去接触对象的色彩、线条、形状、声音等。不感知美的对象的外部特征与状貌，就不能得到情感体验，引不起美感。站在泰山之巅，看到从云海中喷薄而出的红日，这时我们才能感受到大自然的壮美；听着贝多芬的《田园》交响曲，我们才能感受到节奏和旋律为我们创造的美的音乐田园。一切美的事物，都必须通过想象才能被人感知，从而产生美感。

人们由对客观对象外部特征与状貌的感知到产生美感，重要的心理环节是想象。美的事物是客观存在的，有的人能感受它，有的人却视而不见，这种差别主要来自想象能力的高低。一棵古树根，在有的人看来毫无美感。但根雕艺术家却在它自然形态的基础上，加以想象，发现了它造型固有的美，通过艺术家的再创造，成为精美的艺术品。人在反映客观事物时，不仅能感知事物的形体，还能在头脑中创造出新的形象，这种创造新形象的能力就是想象。想象在审美活动和艺术创造活动中有着十分重要的作用。面对漫天飞雪，岑参想象的是"忽如一夜春风来，千树万树梨花开"。面对庐山飞瀑，李白却觉得"飞流直下三千尺，疑是银河落九天"。白居易听琵琶演奏，感到美不胜收，于是这样来比喻曲调之美："大弦嘈嘈如急雨，小弦切切如私语。嘈嘈切切错杂弹，大珠小珠落玉盘。间关莺语花底滑，幽咽泉流冰下难。冰泉冷涩弦凝绝，凝绝不通声暂歇。别有幽愁暗恨生，此时无声胜有声。银瓶乍破水浆迸，铁骑突出刀枪鸣。曲终收拨当心画，四弦一声如裂帛。"诗人在审美过程中将自己得到的愉悦感受，通过想象联想，创造出了一系列新的形象，从而提高了审美的情趣。

　　但是这种想象力产生的动力却是情感。白居易之所以在听曲时能够激发如此丰富的想象，与他的"同是天涯沦落人，相逢何必曾相识"的悲凉心情是分不开的。审美心理的一个突出特点就是它带有浓厚的感情因素。刘勰在《文心雕龙》中讲"登山则情满于山，观海则意溢于海"，杜甫讲"感时花溅泪，恨别鸟惊心"，都形象地表达了不同活动中伴随对客体的感知而引起的情感波动。不同的情感活动，与想象的因素密不可分。一方面，不同的情感因素通过想象而自由扩展和抒发，白居易听琵琶曲时，"凝绝不通声暂歇"，曲调已停，诗人却感到"别有幽愁暗恨生，此时无声胜有声"。这时的"幽愁暗恨"，却是诗人由于联想到自己当时被贬江州的遭遇而诱发的情感。另一方面，审美中的情感因素又给想象因素提供了动力和方向。白居易因上书触怒权贵被贬，这种激愤之情使他在听曲时联想到了"银瓶乍破""铁骑突出"这样的激烈场面，但对朝廷的失望，又使他心痛欲裂，于是，有了"四弦一声如裂帛"的曲终。在审美活动中，情感给想象插上了腾飞的翅膀，想象载情感而飞翔。审美活动中情感的产生，又与理解因素有着密切的关系。白居易之所以能在听琵琶曲时"青衫湿"，是由于他听懂了曲中倾诉的情感。文艺复兴时期人们之所以欣赏《哈姆雷特》，是人们看懂了此剧中表现的人文主义的力量，这个"听懂""看懂"就包含了"理解"的成分。理解是审美活动中不可缺少的组成部分。因为美的事物不仅具有感性的形式和生动的形象，而且还有内在的本质和深刻的意蕴。因此，在欣赏美的过程中，必然包含着对事物的比较、评价、体验等理性因素，必然是理性判断和情感体验的结合。人们将松竹梅称为"岁寒三友"，一方面是由于它们不怕严寒，不避风雪的自然属性，但更重要的是，人们理解了它们身上所表现出的内蕴力量；正因为有了这种理解，人们才从各种自然形态中发现了许许多多的美好。孔子喜欢松柏，因为"岁寒，知松柏之后凋"，可用松柏喻人的高风亮节。周敦颐喜爱莲花，是因为它"出淤泥而不染，濯清涟而不妖，中通外直，不蔓不枝，香远益清，亭亭净植"，用莲表现了自己洁身自好的品格。审美心理就是感性和理性的统一，是在感性形式中包含了理性认识的内容。

总之，审美感受是一个复杂的心理过程，它始于对审美对象的感知，随之而起的是想象和情感。审美感受中也有思维活动，但思想和认识是融化在感情中的。因此，情感是审美感受中突出的心理现象，审美感受可以说是一种情感判断，它是人类的精神享受。

大学生的审美感受，总体来说，完全符合上述的一般规律。但大学生正处在青年时期，青年是人生的一个特殊阶段，具有生理、心理上的独特性。而大学生在社会生活中又有着特殊的地位，他们进入知识的较高层次，思维能力强，道德观念日渐明确，志趣性格逐渐形成，自我意识日益强化，审美观也日趋稳定，这就使他们的审美意识显现出许多特征。南宋词人辛弃疾曾写过一首《丑奴儿》，词中写道："少年不知愁滋味，爱上层楼；爱上层楼，为赋新词强说愁。而今识尽愁滋味，欲说还休；欲说还休，却道天凉好个秋。"词中道出了他青年时代与中年时代不同的审美感受。大学生审美感受的特殊性主要表现在敏感、浪漫、易变、强烈、独特这五个方面。

一、敏感性

大学生思维活跃、敏捷，充满青春活力和激情，对新鲜、美好的事物充满渴望，使他们极容易被美的事物所吸引、所感动，其审美意识有很强的敏感性。这种敏感性是由认识能力的加强、文化修养的提高和自我意识的增强决定的。

大学生正处在脑细胞建立联系的时期。经过学习，特别是专业学习，大脑皮层细胞活动的数量迅速增加，大脑皮层的发育在一定程度上呈现出"飞跃"的状态。具体表现为视觉、听觉的高度敏感，这就使得他们能从普遍存在的、司空见惯的事物中很快捕捉到美的对象。内分泌旺盛，又使大学生的情绪兴奋度增强，对来自外界的感官刺激，常常会做出迅速的反应。在他们的眼里，任何平常的自然景色都充满着生机，使他们心旷神怡，产生美感。

一段优美的旋律，一行充满哲理的诗句，一朵墙角的小花，都会引起他们的感知注意，甚至激起久久不能平息的审美愉悦。由于认识能力的提高，他们往往愿意透过客观事物的外在形式而领悟它们内在的生命意义，这种探索进一步增强了他们审美的敏感性。

大学生都有较高的文化艺术修养。他们的审美视野开阔，在古今中外的优秀文化作品中吸收了较多的审美经验，培养了比一般青年更多的艺术感觉，因此他们的艺术感觉比较灵敏，审美理解也比较深刻。在审美过程中，能从客观世界中发现被其他人所忽略的对象，或在对象中发现不易被人注意的某些美的特征。一片黄叶翩然落地，对一些人来说也许根本无法引起注意，但是对读过泰戈尔诗句"生如夏花之绚烂，死如秋叶之静美"的大学生来说，那一片黄叶是一个生命体，可以从秋叶的飘落联想到人生的意义。

随着文化修养的提高，大学生的自我意识日益增强。兴趣、能力、性格、情感、意志、道德和行为都在自我意识觉醒的基础上趋向成熟。他要求不断地了解自己、不断地进行自我评价和自我教育。像"我是谁？我从哪里来？我到哪里去？"这样的问题，只有在自我意识特别强烈的个体中才会被提出。大学生时刻带着这个问题，并将它放置到每一个客观事物中去观照。于是他要在所有美的对象中观照自身。面对美的对象，他们总是将自己丰富的情感和意识渗透其中，去探寻人生的秘密。所以他们的审美感受要清晰得多、敏感得多。

大学生审美的这种惊奇感是难能可贵的。美的创造需要这种惊奇感，科学的发现也需要这种惊奇感。古往今来，正是在这种惊奇感的推动之下，许许多多青年人为创造美好的生活、为人类做出了贡献。牛顿从小对一切都充满了好奇心，连一个苹果从树上掉下他都感到惊奇不已。正是这种好奇，成就了他的事业。

二、浪漫性

大学生审美意识的浪漫性是由文化素养的提高，青年时期对未来的憧憬与富于想象决定的。文化修养的提高培养了大学生的浪漫情怀。

文化修养对审美活动的影响是显而易见的。在审美活动中审美主体随时随地都在调动自己头脑中早已储存的审美经验，通过情绪记忆的信息系统，传递给审美对象，从而挖掘出审美对象本身的美的本质。头脑中储存审美经验的多少，决定着审美感受的强弱。《列子·汤问》里记载：伯牙善鼓琴，钟子期善听琴。当伯牙鼓琴，志在高山时，钟子期说："善哉，峨峨兮若泰山！"伯牙志在流水，钟子期又说："善哉，洋洋兮若江河！"钟子期正是调动了他储存在脑海里关于音乐的审美经验，通过情绪记忆信息传递给伯牙的琴声，才听懂了琴声的音乐语言，从而通过想象创造出了"峨峨兮若泰山""洋洋兮若江河"这样的新形象。如果没有音乐审美经验，他是听不出这样美好的韵味的。大学生正在学习阶段，大学有藏书丰富的图书馆，有得天独厚的美育设施，有丰富多彩的业余生活以及各种艺术活动。他们通过这些活动满足对美的探索和对美的创造的渴望，也开拓了崇高的精神境界，丰富了审美经验。同时，大量的阅读，也使他们有了许多音乐、绘画、文学、舞蹈、戏剧等方面的知识，在大脑中储存了许多前人的审美经验。当他们接触到审美对象时，会自然地调动这些经验，加上丰富的想象，创造出许多浪漫的新形象。

青年时期对未来的憧憬，也使大学生的审美意识充满浪漫性。大学生正处在走进社会的准备阶段。因为他们的人生还是一个未知数，所以他们在心里对未来画出过无数幅美好的蓝图。他们追求纯洁的爱情、忠贞的友谊、崇高的事业、无悔的人生。于是，他们能在一切进入他们视线的事物中找到这种追求的参照物。读《红楼梦》他们会唏嘘泪下，因为他们被宝黛的纯洁爱情所感动，潜意识中他们希望着能够得到如此珍贵的爱情；观壶口瀑布，他们会激动万分，因为在瀑布咆哮而下的急流中他们想到了人生力量的喷发过程；站在长城的烽火台，他们能思接千载，感到了人生的短暂和责任的重大，产生大千世界"舍我其谁"的雄心。这种对未来美好生活的热切追求与向往，必然使他们充满幻想与想象。

大学生正处在人生"多梦"的年龄，最富于想象。想象是一种自由和自主的心理活动。通过想象，主体可以按照自己的意愿主动地、自由地建构对象，创造形象。成年人由于生活的挫折，把对许多不可能实现的梦想主动地放弃了。他们并不是不知道怎样更美好，而是感觉既然不能实现，就不如不想，久而久之，这种梦想的能力减退了。他们更多的精力被"现实生活"所牵扯。但青年人却不这样，较高的文化素养，历史感的形成，审美能力的发展，加上较多的自由支配的时间，使他们的审美活动已不再单纯地满足于现实中的审美对象，而转向对艺术的强烈渴望。这种审美意识艺术化的倾向，使他们的审美活动开放而浪漫。

三、易变性

大学生审美活动中易变的特征是由青年时期情感的复杂易变性决定的。

青年人的情感是复杂易变的，情感的复杂性表现为"欢喜与悲哀，得意与失意，满足与后悔，希望与绝望，这些完全相反的情绪的体验不断地涌现出来，各种各样的情感混杂在一起，犹如团团旋涡"。情感的易变性表现在他们"一时沉浸在差不多使身体发抖的狂欢中，一时又陷入被打败似的悲痛里，一时由于有希望而昂首挺胸，一时又由于失意而俯首顿足"。情绪如此不稳定，是青年心理的一个特征。

情感是人对周围现实及其与自己的关系的独特的个人态度，是以主体的主观体验与外部表现为形式的复杂的生理、心理现象。或者说，它是对外界事物及对自己的行为、活动等肯定或否定的反应，表现为满意或不满意的心理现象。青年人对外界刺激十分敏感，能迅速地做出情绪应答，因而情感变化很快，这是情感的复杂易变的一个原因。此外，心理学研究表明，情绪激动时，大脑皮层会产生一个优势中心，它抑制大脑皮层其他部位的活动，使意识固定在引起激情的那个对象上，甚至会降低或失去理智，需要自我调节和控制。青年人的自我调节和控制能力比之成年人还不稳定，这是情感复杂易变的另一个主要原因。

大学生的这种行为特点在审美活动中表现得更加明显，因为审美活动作为一种心理活动，与情感有着密切的关系。审美需要可以说是一种情感需要、情感追求，审美过程是一种情感活动过程，审美状态是一种情感活动状态。在审美活动中，情感既是动因，又直接影响着参与审美的认识性因素，如感觉、知觉、想象、理解等，使人的审美活动表现出情感性的特征。所以大学生在审美活动中表现出强烈的易变性。同一审美对象，高兴时看它，明媚鲜艳，美得很；一会儿不高兴了，这个审美对象也就暗淡下来，不那么美了。如果对象的特点与情绪的特点相反，还会觉得这种对象特别烦人。

四、强烈性

大学生审美活动中的强烈性是由青年时期情感的强度决定的。

青年人的情感是最强烈的。心理学指出，外界刺激是一种能使人的感官引起活动即引起情感反应的力，刺激不变，感觉会逐渐减少以至于消失，即"适应"。水无味，是因为我们不断被水刺激早已适应了水的味道；空气无臭，也因我们时刻在呼吸，早已适应了空气的味道。乍闻芝兰，清香扑鼻，久闻则失其效；偶视桃花，鲜艳娇媚，常见便熟视无睹。所以，新的刺激所引起的情感反应必定是最强烈的。青年人处于生命发展变化最快的时期，他们总是不断地碰到社会、环境、人际、爱情等各方面的问题，这些都是他们在人生道路上的新问题，也是种种新的刺激，会不断地引起他们强烈的情感反应。在中年人和老年人看来是一件小小的好事，也许会让青年人高兴得发狂大叫，觉得世界一片光明；而一次小小的失意，却会使青年人悲伤得痛哭流涕，觉得眼前一片漆黑，似乎走到了世界的尽头。在审美活动中，如果发现了美的对象，他们常常评价为"美得要死"。他们认为不美的东西呢？那往往是"丑得要命"。这种极端的评价语言正好反映出大学生与青年审美的强烈性。而其中最典型、最强烈的要数他们对异性的审美活动。人类由两性相吸到真正的恋爱，一般是在青年时代完成的。恋爱作为一种生命活动，是人生中最美丽的一种经历。所以，美国当代美学家桑塔耶那说："恋爱有能力给予我们的观照一种光辉，没有这种光辉，观照往往不能显示美。"青年一旦碰上自己理想的异性，就会有最强烈的审美倾向和情感反应。一位青年曾经这样说："我今天应该做些什么事情呢？心里真是一团糟。因为我从小就有的一种信念似乎完全崩溃了。我的这种信念就是：抑制自己的感情，一切行为都必须依靠理智指挥。可是，我在2月里看见某女同学之后，我的这个信念似乎动摇了。她是否说得上特别漂亮，我不知道，但她的眼睛和嘴巴都是那样的标致，我简直无法用语言来形容她的美丽。她给我的印象犹如莫扎特的钢琴协奏曲那样的美妙。不能想象她那纯洁而动人的美丽仅是一种外衣，恐怕只有天使才能与她相比。"这种情感的强烈性也意味着过分浪漫与不成熟，这正是青年人的特点。

五、独特性

大学生审美活动中的独特性是由青年时期自信、自主意识的增强所决定的。

青年时期是生命的转折期，在这个时期，青年开始脱离对于成人和家庭的依赖和局限，而又不能彻底改变这种状态，因此独立自主的意识特别强烈，甚至会对来自社会和家庭的约束产生逆反心理。有的心理学家指出，青年在自我觉醒的过程中，为了明确自己是什么，确立自我形象，会出现各种冒险和奇特行为，产生对成人的干涉的反抗。这种心理状态表现在审美活动上，就是追求独特，强调个性，甚至是怪异。俄国大作家托尔斯泰小时候长得很丑，一直被人看不起。但他却轻视外表的美，对周围贵族青年追求物质享受的腐败没落风气表示不满。他给自己缝制了一件像帆一样的大衣，白天当衣服穿，晚上当被子。因为有这样的特殊要求，他给大衣缝上了许多活结，随时可以改变它们的用途。走路的时候，光着双脚，趿拉着鞋，显得很怪。但他却以此为美。在日常生活中，服装样式的变换总是青年在起主导作用，引领服装新潮流。一种新产品的出现，也是青年会首先使用，甘当"第一个吃螃蟹者"。一种新的艺术样式的出现，更是离不开青年的喜爱和参与。"迪斯科""摇滚""朦胧诗""新生代诗"等主要在青年中流行和传播，不正是一个很好的证明吗？这种"独特"有时表现为追求时髦、肤浅，有时也表现出一定的深刻性。因为在审美活动中，主体是全身心地投入到审美对象中，在对象世界中体验自身的生命活动，在对象世界中肯定与认识自己。如果在体验中领悟到生活、人生的意义和价值，便能使人获得一种精神的自由、心灵的超越，这种追求独特与强调个性的做法就会具有一定的思想深度。

第二节　审美修养对大学生发展的促进作用

审美修养，是指一个人的审美意识在长期的审美实践中所达到的一定水平和逐渐养成的对待美好事物的正确态度。大学生作为社会主义现代化建设的预备人才，社会主义精神文明的创造者和传播者，重视加强审美修养，提高个人的审美能力和创造美的能力，不仅是时代的要求，也是大学生自身发展的需要。

一、较高的审美修养，可以促进大学生形成高尚的道德情操

大学生作为青年中最富有生气、文化素质较高的一部分人，思想活跃，感情强烈，想象力特别丰富，对美的爱好尤其炽热。爱美是青年人的天性。所谓天性，是指人的一种本质特征。人之所以不同于动物，人之所以为人，在于他不满足于现状，总怀有理想，不断地追求。美就是人追求的一种人生价值和理想。人类社会之所以能由原始社会一直走到现在，就是由于人不满足于自然，而要改造自然，有所创造。只有这样，人类才能不断地提高自己，推动社会的进步。苏联教育家苏霍姆斯基说过："美是一种心灵的体操——它使人们的心灵正直、良心纯洁、情感和信念端正。美是一面镜子，你在这面镜子里可以照见你自己，从而对自己采取这样或那样的态度。"审美修养与道德修养虽然不同，但却是相互作用的。美以善为前提，完善才有美。唤起了美的情感，也就唤醒了善的觉悟、善的觉醒，反过来又会自觉地追求一切美好的东西。具备了较高的审美修养和审美能力，就能自觉地吸收和积累人类丰富的审美经验，拿美来浸润自己的心灵。培养融美于心的习惯，使自己敏锐地感受到文艺作品或自然界的美，并很快将它们吸收消化，使自己的性格也变得高尚美好。在审美过程中，社会生活或艺术作品中人物优秀的品德、高尚的情操，可以直接成为自己学习的榜样，使自己也成为优秀高尚的人。

二、较高的审美修养，可以帮助大学生塑造完美的人格

所谓完美的人格，是指在个人生理素质的基础上，通过审美或其他活动，形成广泛的兴趣和爱好，具备较强的社会适应能力、高雅的气质和坚强的性格，表现出个人独特的魅力。在现实生活中，审美修养与道德、学识、精神、体魄等方面的修养有着密切的联系。大学生正处在青年时期，他们风华正茂，本身便是美的象征。然而，青年人也往往不定型，正处在奋斗和追求之时。青年羡慕的是健、力与美，渴望具备健康的体魄与优美的身姿，他们厌恶无聊、空虚、单调的生活，希望生活充满惊心动魄。他们希望有美妙的音乐、优秀的文学作品、丰富的文体活动来充实自己的生活。这种对美好生活的追求是可贵的，但这一切都需要在正确的审美修养指导下实现。如果青年加强审美修养，可以懂得什么是美，什么是丑，什么是高尚，什么是卑鄙。在感情上接受健康、高尚的审美观，那就能按照美的规律造就自身，使自己成为一个比较完美的人。

三、较高的审美修养，可以提高大学生的创造能力

青年处在人生中思想最活跃的时期，多少灿烂的艺术之花出自青年之手，多少美的奇迹来自青年的创造。较高的审美修养，也是青年进行美的创造的必要前提。

翻开古今中外科学史，不难发现，即使是自然科学家，往往也都具有很高的审美修养。我国著名的桥梁专家茅以升，上中学时就偏爱语文，尤其喜欢游记。祖国的山清水秀、湖光塔影等自然景观不仅陶冶了他的情操，也培养了他的审美感受力。在他后来从事桥梁建造事业中，这种较高的审美修养使他设计的桥梁有很高的审美价值，也为他的《钱塘江桥》《中国桥梁史》《武汉长江大桥》等著述的写作奠定了坚实的基础。

科学的发展总是以想象为先导的，而想象则是以对美的审视和追求为基础的。人的素质越高，想象力越丰富，引导创造的可能性就越大。想象力越强烈，就越富有创造性，提出的设想就越有科学意义。丰富的想象力会激活知识，举一反三，形成认识上的飞跃，出现创造性灵感。马克思对人类美好生活的追求，激发他研究人类社会，从而创建了科学共产主义学说；曹雪芹

对美好爱情的追求，创作出宝黛悲剧；齐白石对自然美的热爱，使他把虾画得出神入化。因此大学生应该重视审美修养，以丰富自己的想象力，提高形象思维能力，并使形象思维的方法融入科学思维之中，使科学的发现和创造获得新的活力，为社会贡献自己的聪明才智。

第三节　大学生的美育途径

一、大学生的角色定位

大学生首先是青年。青年是人生发展历程中一个多彩的阶段，是一个充满诗意的年代。对于一个人来说，青年是美好而又一去不可再得的时期，是将来一切光明和幸福的开端。古希腊哲学家德谟克利特说过："身体的有力和美是青年的好处。"人们给予青年时期这么多的美誉，是因为无论从人的自然生命还是从精神生命方面看，青年时期都处于从单纯幼稚的少年时期向成熟的中年时期逐渐转化的阶段。在这个阶段中，人的自然生命刚刚到达成熟期，洋溢着令人羡慕的青春活力。青年的心理、情感、精神诸方面迅速发展，充满憧憬、探索和追求。在这个阶段，青年开始面向社会、面向现实生活、面向自我，他们需要确立人生的理想目标，确立自我的价值追求，确立道德与行为的责任感，确立爱情与家庭观念等。未来在他们面前展现出光明的前景，他们也可以自由选择自己的前途与未来。

多彩与诗意是因为青年处于生命历程的转折之中，是在那即将展开的光明和幸福之中。正如辛弃疾在《丑奴儿》中所写的："少年不识愁滋味，爱上层楼；爱上层楼，为赋新词强说愁。"因为"不识愁"，"愁"具有一种模糊、朦胧的诱惑力，如同那云雾笼罩中的黄山风景，具有一种灵动的诗意。到中年以后，却是"而今识尽愁滋味，欲说还休；欲说还休，却道天凉好个秋"。再以黄山作比，那就是丽日下没有云遮雾绕的山川沟壑，一览无余。

　　大学生是青年，青年不一定是大学生。大学生与高学历、与丰富的知识相联系。在我国，大学生是在千军万马中挤过了高考的"独木桥"，进入了高等学府的"时代骄子"。与一般青年相比，大学生的前途更加灿烂光明。首先，高等教育使大学生的智力进一步发展，科学认识能力增强，理论思维迅速发展，为他们成为各种专业的高级人才，实现更高的人生目标打下了基础；其次，大学里的文化氛围使大学生更有思考能力，具有更强的自信、自主意识和较广的知识面；最后，大学里的素质教育使大学生的道德感、理智感、美感等进一步形成与发展，具有较高的修养。因此，概括地说，大学生是一个青年知识型群体。

二、大学生的爱美之心

　　对美的追求是人类的一种普遍的追求。自从人类通过劳动实践活动脱离了动物界，就具有了人所特有的生物属性、社会属性和精神属性，或者称为文化属性。实践促使人的精神性需要、超越性心理的发展，促使人们对生命自由感的追求趋向自觉。实践创造了人，也创造了人的需要，特别是精神性的需要。审美需要就是一种精神需要、文化需要，是人在发展的过程中生成的一种特殊需要。最高意义的审美需要与人的生命意义的实现直接相关。大学生具有较高的文化素质，对他们来说，爱美、追求美必然更为迫切。

　　大学生的爱美之心首先表现在他们对一切具体的美的对象的喜爱与欣赏上。青年时期是个多彩的人生季节，对周围的事物充满了兴趣和探索、发现的愿望，因而有着敏锐的感知能力。大学生由于知识的积累，兴趣更广泛也更高雅，感知能力的选择性更强，整体感更好也更细腻。而美的东西，无论是自然现象、日常生活还是艺术作品，都有着特别能吸引人的审美注意的外在形式，这些都容易被大学生的感觉所捕捉、感知。大学生总是能自发地喜爱与欣赏身边一切美的东西，努力使自己的生活变得富有情趣。他们喜爱旅游，热爱大自然，以自然的灵秀和隽永滋养自己的心田。他们喜爱优雅的校园，浓郁的校园文化氛围。他们喜爱适合自己的时装，喜爱能传达自己情感的各种小装饰品。他们希望自己有健美的形体、高雅的举止，有气质、有风度。当然，大学生一般都有对艺术的偏爱，读小说、看电影、听音乐、观展览等，是大学生业余生活中不可缺少的方面。这些都表明，他们愿意自己有更高的审美修养与艺术修养。

大学生的爱美之心还表现在他们创造美的热情上。审美活动本是一种积极的、主动的心理活动，在这种活动中所感受到的美会很快地发展为创造的冲动。大学生的青春活力和对美的敏锐的感受、强烈的渴望，更容易发展为美的创造。这种创造包括自我美的形象的创造、美的事物的创造和艺术创造等。在大学校园里，艺术创作活动与体育活动一样受到大学生的欢迎。大学里的文学社、诗社、舞蹈团、合唱团、话剧团、管乐团、书法社、美术社、模特队等文艺社团，是许多大学生向往的地方。学校组织的各种艺术节、校园文化节更是大学生普遍参与的喜庆节日。他们在这里进行直接的审美创造，展示自己虽不成熟却充满热情的作品，寻求交流、对话、评论，感受创造的自由感和成就感。不仅如此，在大学生的日常生活中，美的创造时时存在。晚饭后，校园里常见那些怀抱吉他或放声高歌或浅吟低唱的人群；宿舍内，常见桌上有精致的插花，墙上挂着自己得意的摄影作品或心爱的世界名画。大学生对美的追求构成了充满书香的校园内一道美丽的风景。

人的爱美之心由于与人的生命需要相联系，在人们的行为中就常常表现为一种自发的倾向性和自发的活动。大学生爱美，对美的追求，虽然由学识水平、文化素质所决定，具有一定的理性自觉，但自发的因素还是占有很大的比例。自发的活动决定了大学生对美的理解的模糊、零散和不确定，而大学生自身的审美活动的特征——浪漫、易变、独特、强烈等，又增加了对美的理解的模糊、零散与不确定。这就会导致他们在具体的行为上出现某些盲目的、自以为是的"审美"行为。在历史上，这类事件时有发生。当年德国大作家歌德的《少年维特之烦恼》出版之后，因为维特具有青年人的心理特点和人生经历，具有青年人所特有的愉快和烦恼，特别是对美好、纯洁的爱情的追求和失落，马上引起青年们的心理共鸣。年轻人崇拜维特，学习维特的打扮，以穿蓝色上衣、黄背心、马裤和马靴为时髦，一些与维特一样在生活和情感上遭受挫折与不幸的青年，甚至像维特一样选择了自杀来获得彻底的解脱。现如今，这类事件还时有发生。有的大学生为追求独特，不修边幅、语言粗陋；有的大学生为追求"美"，浓妆艳抹、精心打扮、行为轻佻；有的大学生为追求潇洒，身穿名牌、上酒吧、转舞场、花钱如流水；有的大学生为追求浪漫，醉心于花前月下、卿卿我我……这说明，大学生仍需要美育，通过美育来使对美的追求深刻化、系统化和自觉化，使大学生的人生审美化。

三、大学生的美育途径

大学生的美育途径与对科学的追寻一样，没有捷径可走，是一条必须自觉自愿、持之以恒的实践之路。

大学生的美育途径包括两个方面：一是审美理论学习；二是审美实践活动。

审美理论学习是审美的关键。审美理论主要包括三方面的内容，即美学基础理论、艺术理论与艺术史、其他审美常识。

美学基础理论是对人类审美现象的整体分析，展现了美的世界的全部内容。它使人懂得美的原则和各类审美范畴，懂得美的存在形态以及人类审美活动的过程，懂得人类为什么需要审美活动和美。掌握这方面的基本知识可以从理论上引起对美学与美育的重视。

艺术理论与艺术史是对艺术的介绍和分析。艺术活动是人类审美活动的最重要的组成部分，人们经常把这两种活动混为一谈，甚至认为艺术活动可以代表全部的审美活动。尽管这种混同并不正确，但也可以看出艺术与审美的密切关系。艺术欣赏需要一定的知识积累，各类艺术的特征，作者、作品的背景，时代、风格以及象征意义等，都对欣赏起着积极的"向导"作用。看毕加索的画《格尔尼卡》，那上面变形的、零碎的图形，勉强能使人看出有公牛、剖腹的马、举灯的人、呼号的人和支离破碎的人体、物体等。如果没有一定的历史和艺术知识，是很难"欣赏"它的。尽管它会给人的感官与心灵以强烈的震撼，会使人感到恐惧。因为这是毕加索听到德国轰炸机狂轰滥炸毁灭西班牙小城格尔尼卡的消息时而画的。他画中的公牛象征着残暴与黑暗，马代表着善良的人民，破碎的人体与物体象征着破坏与毁灭，而画面上的灯与眼睛（眼睛也被画成了灯）提醒后人看清法西斯的暴行。只有对这件震惊世界的惨剧和艺术的象征手法有所了解，才能理解毕加索这幅作品的深刻内涵。

　　其他审美常识是指人们的衣食住行中所涉及的审美常识，它们常常是文化史记载的内容。人类文化，无论是物质文化还是精神文化，都有审美的层面。在长期的实践中，人们对美形成一种模糊但又存在着共识的审美标准。人们生活中服饰的变化、色彩的流行、饮食的讲究、室内装饰格调的选择等，都遵循着一种看不见的流行趋势，其实这就是审美标准。审美标准由两个方面组成：一是相对稳定的形式美法则，这是在长期的实践活动中积累的，建立在对形式感受的基础之上，由于不与内容直接相关，具有相对的独立性，因此有着广泛的一致性，几乎在一切人类的不同时代通用；二是具有地域性、时效性和阶层性的审美理想，是一种社会群体的审美标准，是变化的。在一定的地域、时代和阶层中又有一致性，因此也是一种审美常识。我们对于这两种审美常识都要掌握并能具体运用。比如色彩，浅色的膨胀感与深色的收缩感是不会改变的，各种体形的人对服装的色彩选择就要以这种原则为基础。而色彩的特殊象征意义在各个民族中是大不相同的，是与历史文化习俗相联系的。人们对色彩喜厌的心理，都有各种各样的民族文化、历史方面的原因。掌握这些审美常识，对于我们的审美活动是很有帮助的。

　　审美理论的学习能奠定审美的基础，提高审美修养，是大学生美育的途径之一。

　　大学生美育的另一个重要途径，就是积极参加审美实践活动。审美实践活动包括欣赏活动与创造活动两个方面，缺一不可。

　　我们常说，美在我们身边，我们生活的环境——学校、家庭、街道、商店、花园，环绕着我们的自然——日月星辰、风雪雨雾、花树木石，我们日常的生活用品、精神食粮、艺术品等，都是我们的审美客体，或者也可称作美。但这种美不是一种实体的、具体的存在物，美是在人的审美活动中获得的。古希腊的艺术珍品"维纳斯"，在有的人看来，是一座残缺的大理石雕像：没有两臂，脸部鼻梁上有污痕，胸脯上有许多由于水的侵蚀而产生的小孔、粗斑、小洞。但艺术家认为，这是一尊"美神"。她的形体妩媚娴雅，洋溢着青春活力，具有女性的纯洁和健美。据说，德国大诗人海涅在观看雕像时被维纳斯的美所倾倒，竟虔诚地拜伏在雕像面前。可以想见，在海涅眼里，这根本不是一具残缺的女人躯体，而是完整、完美的女神形象。这是他的感觉器官对雕像作了加工、改变、修补等工作之后在他眼里出现的形象，这是海涅的审美对象，他可以从这个对象上获得极大的美的享受，而别人是无法取代的。审美活动充满了情感、想象和个人的感悟、理解，每一阶段的审美活动都使主体进入一个属于个人的审美世界，并从中获得巨大的审美愉悦和享受。不进行具体的审美实践活动，美是无法获得的。只有以积极的态度去关注、去欣赏、去体验，才能获得美。

从某种意义上讲，美育只能是一种自我美育，也就是说，无论社会、环境、群体、家庭提供了什么样的美育条件，都要经过自己的自觉的审美活动，才能获得美。

审美创造是更深入的审美活动，是对美的产生过程的深切体验。审美创造主要有两种形式，一种是艺术创作，作为有较高文化修养的大学生，应该有自己喜爱并能参加的文学艺术创造活动，如写诗作文，唱歌跳舞，谱曲演奏，绘画书法等。择其一深入进去，增加自己的艺术修养与才能。艺术创作是一种精神的自由活动。

审美创造的另一种形式是生活中的审美创造，这几乎是人人都可以做到的。各种活动，包括体育活动、游戏活动甚至军训、劳动，由于是一种生命的体验，从某种角度讲，都具有审美创造的意味。只要用心去参与、体验，都能获得审美的愉快，理解美的意义。读过三毛《白手起家》的人对那座三毛与荷西在撒哈拉沙漠建起的"全沙漠最美丽的家"应该有深刻的印象。这个家，里里外外粉刷得洁白，屋里有色彩鲜艳浓烈的"长沙发"，有中国书法，有汽车外胎做成的圆椅垫，有插着怒放的荆棘的大水瓶，有涂上了印第安人的图案和色彩的汽水瓶，有各种沙哈拉威老人的手工艺品，还有绿色的植物。这些都是三毛和荷西用自己的双手，通过艰苦的劳动创造的。这是一座真正的艺术宫殿，是"美丽的罗马"。在人类的生活中，像这样的审美创造机会很多，关键在于能不能自觉、积极地参与进去。

每一次审美实践都能获得审美经验，而这些审美经验在不断加深着审美修养的积淀，加强着审美的愿望和需要。

通过上述的两种途径，大学生一定能逐步做到爱美、懂美、能美。

第四节　大学生的审美形象塑造

如果乘坐宇宙飞船飞上太空鸟瞰我们的地球，就会看到一个美丽的蓝色星球。在这里有波涛汹涌的大海，白雪皑皑的高山，千姿百态的飞禽走兽，美不胜收的山水园林，我们生活在一个美的大千世界中。但在这一切美好的事物中，最美好的却是人。如果没有人的发现与欣赏，就不会产生这美好的一切。就像哈姆雷特所说的"人是宇宙的精华，万物中唯一的审美主体，同时也是审美客体，是肉体和灵魂、物质和精神的统一体"。作为大学生，就不仅要力求在自己的生命活动中发现、欣赏和追求美，把美带进自己的生活，而且要使自己具有深刻的理性、优美的仪表、文雅的举动，成为高尚的人。

大学生对美的追求反映在对自身的要求上，就是要建立美的形象。形象不只是一种外在的样式，它还表明自身的内涵。大学生的形象，就是指表明大学生的全部内涵的整体形象。青春朝气是精力充沛的青年的特点，也是大学生的特点。青春朝气在形体、姿态和表情上最为明显。从大学生的整体特点出发，他们美的形象由青春朝气、修养风度和聪慧高尚三个方面构成。

一、朝气蓬勃，富有青春活力

人体的美，是健、力、美的结合，而青春时期正是人生这三者结合最为完美的时期。20岁左右的大学生，身体发育已经成熟，大部分的大学生都有着匀称的体型、端正的容貌、健康的体魄，加上他们作为年轻人精力充沛，性格活泼，动作灵巧，浑身都散发出令人喜爱的青春朝气，这是大学生外在美的标志。

大学生外在美的首要条件如下：

（一）健康有力

它包括肢体匀称，肌肉发育良好，结实有力，富有弹性，关节灵活，面色红润。只有健康的身体，才能表现出生命的活力，才能显示出充沛的精力，才能成为一切创造力量的强壮载体。只有健康的体魄，才能表现出男性的阳刚之气和女性的优美线条。而要造就健康的体魄，就应当积极参加体育活动和体力劳动。游泳、打球、田径等体育锻炼和适当的体力劳动，能够使肢体的各部分得到匀称的发展。古希腊有句格言："如果你想强壮，跑步吧；如果你想健美，跑步吧；如果你想聪明，跑步吧！"

古希腊太阳神阿波罗是一个强健匀称、年少英俊的男性。皮昂比诺的阿波罗身体修长壮健，肌肤光滑，两臂向前方微屈，刚毅有力，体现出既优雅又有力度的男性的美。维纳斯是一个丰满柔美、圣洁高贵的"纯美的女神"，形体丰满、曲线起伏，外轮廓呈"S"形，婀娜妩媚，表现出秀雅、温柔的女性的美。无论是男性还是女性，美的形体都是以人体各组成部分的协调比例为基础的。按照现代的审美观，人的胖瘦也有一定的标准，因为这涉及人体的匀称、体态的健美。总之，只有全身比例协调、胖瘦适度、肌肉分布适当、富有弹性和力度的人体才是真正美的人体。而这一点，主要是通过运动和锻炼获得的。青年时期的大学生，身体的可塑性很强，只要积极参加运动，完全可以得到健美的形体。而健美的形体能使人充满朝气和活力。

（二）姿态优美

健美的形体与姿态动作是联系在一起的。优美动人的姿态必然显示出全身各部分协调和谐，自然舒展，生机盎然。车尔尼雪夫斯基曾说："动作的灵敏与优美，是人体的端正和匀称的发展的标志，它们无论在什么地方都是令人喜爱的。"我国讲究"站有站相，坐有坐相，吃有吃相"，就是强调注意行为姿态。人体的基本姿态主要有站立、行走、坐卧三个方面。具体来说，人们认为"立如松，坐如钟，卧如弓，行如风"是美的姿态。"立如松"，是指站立姿态要如松树般端直挺拔，头、颈、躯干和脚的纵轴应在一条垂直线上，抬头平视收颌，立颈挺胸收腹，沉肩两臂自然下垂，臀部紧缩而双腿上拔，使男子充满力量感和"男子汉"气概，女子则亭亭玉立，富有弹性感和宁静感，还有一种豪爽英气，别具现代女性的魅力。"坐如钟"，是指坐姿要如铜铸大钟般端庄稳重，挺胸收腹，不要趴桌跷腿、斜倚半卧。"卧如弓"，是指睡姿如弓那样自然弯曲，如一泓微波起伏的月牙泉，轻松自在。"行如风"，是指人的行走步态如清风吹拂般轻松快捷，不要拖沓滞重，摇摆缓慢。人们常用"玉树临风"来形容英俊的青年，用"亭亭玉立"来形容秀丽的女子。用"玉"来形容青年，是说他们光洁亮丽，容光焕发，这是青年人特有的精神面貌。人体的基本姿态主要有站立、行走、坐卧三个方面。站要直。用"树"和"亭亭"来形容，都给人一种站立"直"与"正"的感觉。试想一个青年站立时如果肩斜腿歪，猫腰弓背，何来青春朝气？走要稳。是说走路时身体要正直平稳，手臂摆动协调，步态稳健均匀，显示出英姿焕发、刚劲有力的神采。走路时身体僵直，让人感到呆板，左右摇晃或上下颠簸会给人一种轻浮感。坐要正，是说落座时，要规矩端正，给人一种庄重大方、轻松舒适的感觉。东倒西歪，曲背弯腰，架腿抖动，四肢摊开，都会给人一种不文明的感觉。

美的姿态动作使人充满朝气和活力，但它不是人生来就能具有的，它是通过训练获得的，是人的文化修养和审美趣味的一种体现。作为大学生，在日常生活和学习中就能接受这方面的训练，平时只要注意，拥有美的姿态也不是一件难事。

（三）表情表达

青春朝气不仅是形体的健美与姿态的灵活，它还有更高的要求，那就是对生活、对工作、对他人、对周围一切的关心与注意，有探求与交流的愿望，而这些在人外形上的反映，就是表情。诗人泰戈尔曾经写道："眼睛也会说话，它在表情上是丰富无尽的，像海洋一般深沉，像天空一般清澈，黎明与黄昏，光明与阴影，都在这里自由嬉戏。"人们把眼睛称为心灵的窗户，不是没有道理的。一个眼神发木发呆的人表现出来的是内心的发木发呆，而顾盼自如、灵活有神的眼睛马上会让人感到内在的灵敏与活力。人的表情主要是面部表情，最普通的一般有两种：一种是封闭式表情；另一种是开放式表情。封闭式表情是人除了内心感情的真实流露外固有的表情，是脸部肌肉和器官的松弛状态，眉毛下垂，目光无神，嘴角往下挂。这是一种封闭内心，不想关注外在世界，拒绝与人打交道的表情，实际上就是"面无表情"，因而这种表情是没有活力与生气的表情。开放式表情与封闭式表情正好相反，是扬起眉毛，使眼部周围的肌肉自然伸展开，眼睛相对睁大，亮丽有神，双颊往上动，嘴角上扬。这是一种生动活泼、愉快自信，愿意敞开心扉与人交往的表情。这种表情需要内心有真正关注外界的愿望，但有时有这种愿望时也不一定能有这种表情，因为它不是人的固有表情。所以要通过有意识地训练使之成为自身的一种基本表情，能时时传达出关注外界并对外界事物充满感情和兴趣的内心信息。开放式表情不仅使人具有青春朝气，而且让别人产生信任和接近的愿望，这也是事业成功的一种基础。作为大学生，在建立自己青春朝气的形象时，不要忽视表情的作用。

（四）风度优雅

什么是风度？它是人们在生活实践中形成的，对于人的身体形态、举止谈吐、着装打扮的一种肯定的审美尺度。人的体态与人的各种运动、表情、神态等相结合构成人的风度，它不是指某一个动作，而是指人的全部生活姿态所提供给他人的综合印象。风度显示一个人的精神世界，它是人的精神状态、个性气质、品德情操、文化修养、生活习惯的外在表现，是这一切综合素质的外露形式。一个人的容貌不能自己选择，但风度却可以自己培养。风度美千姿百态，不同的民族有着不同的风度审美标准。英国欣赏的是沉稳自信的"绅士风度"，法兰西民族却喜欢感情奔放的浪漫情怀。不同职业的人，显示的风度也不同，军人需要沉着果敢，学者要求严谨稳健。不同的年龄风度审美的标准也不一样。对于大学生来说，风度美的客观标准应包括以下几个方面。

1.朝气蓬勃

青春期的生理变化，使青年人显出一种迷人的朝气。男孩子变得高大魁梧，结实健壮，女孩子出落得亭亭玉立，丰润秀丽。艺术大师罗丹面对青年男女时曾惊叹："如此的优美，简直非人间所有。"如此美妙的体态，是青年风度美的天然资本。因此，年轻人不用去"故作深沉"，让自己浪漫的情怀得到充分抒发。同时要正直、坦率、表里如一，让"自我"坦然展露。像尖酸刻薄、搬弄是非、吹牛拍马、幸灾乐祸等行为都会影响一个人的风度。你看在《红楼梦》中，作者把林黛玉等一群青年男女描写得美妙绝伦，且富有青春朝气，今天结诗社，明天赏红梅，吟诗作画，乐趣无穷。而把那些成年男人描写成功名利禄之徒，成年女人则是尖酸刻薄、搬弄是非之辈。这些庸俗的行为是青年们嗤之以鼻的。

2.活泼敏捷

青年人要热情好动，积极参加各种活动，对一切集体活动表现出一种投入的热情，有主意，有点子。在活动中活泼欢跃，有鼓励性和带头作用。行动时动作反应敏捷，反应要灵敏热情，像一个快乐的精灵一样活跃在一切场合中，显得活泼可爱。待人热情，也是表现一个人风度的重要方面。

3.风流潇洒

风流潇洒是说遇事心胸开阔，目光远大。在处理一些问题时，不拖泥带水，谨小慎微，而显得洒脱、干脆、利落。在大众场合或集体活动中，不扭扭捏捏，畏畏缩缩，而要大方、自信，敢于表现自己。遇到与个人有利害关系的纠纷时，大度、主动，不过多计较个人得失。遇到个人感情问题，能更多体谅别人，拿得起、放得下，显示一种气宇轩昂的人格魅力。

4.多才多艺

年轻人应该兴趣广泛，爱好众多，这是一个人精神生活丰富充实的标志，也是热爱生活的一种表现。众多的爱好，有助于开阔视野，增长知识，提高文化素质和艺术修养。古人常用"琴棋书画无所不能，诗词歌赋无所不通"作为对青年的赞赏。在当今知识和信息爆炸的时代，更需要青年有丰富的知识。在集体活动中，处处能"露一手"的人，是让人喜欢和佩服的。

5.语言得体

语言美是社会文明的标志，也是一个人文化修养高的标志。它是人外在美的重要组成部分。语言作为思想的物质外壳，可以反映一个人的意志、精神、情操、志趣。美的语言应该表现在以下方面。一是说话和气，要心平气和地同他人谈话。无论对方地位高低，文化修养如何，都要以一种平等的心态对待对方。先尊重他人，然后才能得到他人的尊重。常言说，"好话一句三冬暖，恶语伤人六月寒"，就说明说话方式的重要性。二是说话要文明礼貌。言之有礼，是我们民族的传统美德，孔子曾说："质胜文则野，文胜质则史。文质彬彬，然后君子。"我们大学生当然应该在"君子"之列。因此，说话时不光要注重礼貌，还要得体。不注重礼貌，显得没有文化教养、粗野。像说话带脏字，在个别地习以为常，有时还是一种特殊"风度"的表现。但是在文明的公众场合，说话带脏字，就是没有文化教养的表现。但过分地注重礼节，或礼貌不得体，也会让人觉得虚伪。我们记得果戈理在《死魂灵》中曾描写过一个叫玛尼罗夫的地主，为了掩饰他的愚蠢，就用过分的礼貌来装出他很文明的样子，和人一见面，不管认识不认识，熟悉不熟悉，都是一副感动得不得了的神情，拥抱亲吻加一大套礼貌用语。年轻人过分的礼貌，会让人感到欠朴实，不真诚。三是要言之有物，就是说话要有理有据，摆事实，讲道理，实事求是，懂多少说多少，让人听着中肯可靠。不要海阔天空瞎吹牛；也不要信口开河，不着边际；更不要夸夸其谈，废话连篇，不管别人爱听不爱听，只顾自己说。当然随声附和，人云亦云，更谈不上语言美了。四是要讲究语言艺术。风趣、幽默是点缀青年语言艺术的最好方法。它是一个人语言内秀与外美的综合表现。一次在公共汽车上，人很多，车上特别挤，一个青年被挤得忍无可忍了，喊道："别挤了，再挤我成相片了。"一句话引来大家善意的笑声，大家也互相体谅地让开些距离。这个青年给人一种有教养、有风度、很风趣的印象。

6.服饰仪容要美

仪容指仪表神态，美的容貌先天生成，而美的仪表神态却能后天培养。常言说："腹有诗书气自华。"就是说一个人如果有了知识，他的气度、仪表就自然带上了光彩。一个小眼睛的人不能算美，但如果眼睛有神气，活泼喜悦，透出智慧，就有了一种神态美；反之，一双大大的眼睛，呆板迟滞，也并不觉得美。一个相貌平平的人，机警活泼，多才多艺，让人觉得可爱。一个容貌俊美的人，死气沉沉、懒惰浪荡，也让人觉得不美。因此，大学生应在自己生理机制尚未完全定型之时，努力培养自己的美好仪容，有意识地把握自己的仪表、神态，将它调整到最为恰当的程度。

　　服饰美，"得体"是最重要的因素。无论是西服革履，还是运动衫裤，只要"得体"，就能体现服饰美。《安娜·卡列尼娜》中有一段这样的描写：公爵的女儿吉提为了参加舞会，对自己进行了精心的打扮：淡红色的衬裙，淡红色的高跟鞋，高高的发髻，金色的假发上插带有两片叶子的玫瑰花，可谓雍容华贵。但当安娜出现在舞会上之后，她马上感到黯然失色了。其实安娜只穿了一件镶了花边的黑天鹅绒长裙，乌黑的头发上束了一个小小的三色紫罗兰花环。但是她浑身透出的自然优美的气质，让全场的人惊叹不已。因为在一大群花枝招展的锦衣华服之中，一身素黑，就显得高贵典雅。吉提当时就感到："她的魅力就在于她的人总是盖过服装，她的衣服在她的身上是并不醒目的，只不过是一个框架罢了，为人注目的是她本人——单纯、自然、优美，同时又有生气。"安娜正是穿得"得体"，使衣服起到了很好的陪衬作用。穿衣服得体，大致要考虑以下几个因素。一是根据个人身材选择衣服。衣着要合身，肥瘦要适度，让人看着舒展大方。要根据自己的高矮、胖瘦选衣服。二是注意色彩搭配和线条组合要和谐。因为凡是美的东西都是与和谐和比例有关系的。三是适合自己的年龄和身份，大学生作为学生，还没有固定收入，不宜穿着过于华贵高档。四是要注意场合。服饰的选择要与一定的场合和自己充当的角色相统一。严肃的场合西服革履显得庄重，但郊游时就不宜这么穿。劳动的时候，工作装有独特的美感，但在礼仪场合这样穿就让人感到过于随便了。总之，在服饰方面，按自己本身的形体状况来选择，使其为形体的自然美锦上添花，又为形体上的不足遮掩调适，但更重要的是按自己的年龄、身份、职业、性别等去选择，这样才能做到服饰的得体与合适。大学生的服饰要有"学生味"，那是青春与知识交织着的气息。得体、合适的服饰装扮与整洁干净相结合，会显得"仪表堂堂"，极有修养与风度。

二、品德高尚，修养高雅

　　柏拉图曾说："应当学会把心灵的美看得比形体的美更为珍贵，如果遇见一个美的心灵，纵然他在形体上不甚美观，也应该对他起爱慕。"诚然一个身材匀称、面貌俊美的人，会给我们留下美好的印象，引起愉悦的情绪。但是作为"万物灵长"的人来说，"心灵美"才是人的美的本质和精髓。雨果的《巴黎圣母院》中有个长得像太阳神一样英俊的侍卫长法比，但却是一个虚伪庸俗"金玉其外，败絮其中"的人。我们在读完小说后，一点都不会觉得他美，倒是那个奇丑无比的卡西莫多给我们留下许多美感。可见一个人容貌、体形的美，只是一种自然禀赋，是容易被人发现的自然美、形式美。但是，若不与美好的心灵相结合，这种美就是肤浅的空虚的，没有长久生命力的东西。贝多芬长得不美，一头乱发像女妖美杜莎头上的乱蛇，眼睛又细又小，鼻子又短又方，他自己就说自己是一个狮子的相貌。但是，当我们听着他的《第九交响曲》，想到他在完全失聪的情况下"扼住命运的咽喉"完成这卓越的创作时，我们会感到他是那样的完美高大。托尔斯泰说过一句意味深长的话："人不是因为美丽才可爱，而是因为可爱才美丽。"所以，也许我们没有美丽的外表，但我们却可以让自己做一个品德高尚的人，让我们变得可爱。

大学生品德高尚的表现有以下几个方面：

（一）具有爱国主义思想

爱国主义是中华民族的美德，也是当代大学生的美德。在我国悠久的历史长河中，多少爱国志士留下了可歌可泣的英雄事迹。他们的英名永垂不朽，在我们的心目中，已经忽略了他们的外形美丑，只留下了美好的形象。爱国主义，一方面表现在对祖国山河、民族文化的热爱，同时还表现为崇高的民族自尊心、自信心和为祖国强盛的强烈责任感和英勇献身的精神。

伟大的人生目标和远大的理想，会使一个人的人格更崇高，情操更美好。任何一个成功的人，无不在青年时期就树立了远大的人生目标。巴尔扎克在自己的书桌上放了一尊拿破仑像，在像座上刻着："我要用笔完成你用剑完成的事业。"于是，他用毕生精力完成了《人间喜剧》，成了文学界的拿破仑。理想的远大会使人眼光远大，不会卑微。雷锋是一名普普通通的战士，但是"把有限的生命投入到无限的为人民服务中去"的伟大人生目标，使他成为一个人格崇高、情操高尚的人。

（二）正直、诚实、公正

我们办事要光明磊落，公正无私，襟怀坦荡，实事求是，为人正派，坚持真理，主持正义。正直、公正、坦率是做人的一种风格。正直的人总是胸怀坦荡，光明磊落，与虚伪鬼祟、两面三刀的苟且小人相对立。在艺术形象中，那个盗取天上的火种送给人类、被钉在高加索山崖上备受主神折磨而不屈服、仍预言宙斯的统治要被推翻的普罗米修斯，那个不顾皇太后和公主的威胁阻挠、手举乌纱帽喝令铡死驸马陈世美的黑脸包公，那个"当官不为民做主，不如回家卖红薯"的唐知县等，都因身上的那一股凛然正气增加了形象的美。

（三）善良、谦虚

美与善是一对孪生兄妹，善良是美好人性的基础。善良就是对一切有生命的和美好的事物的关心和热爱，对人类精神世界的热情关切。无论一个多么丑陋的人，当他对着幼小无助的小生命微笑时，那笑容总是美丽的。屠格涅夫的小说《木木》中的又聋又哑的农奴盖拉新粗鄙而凶猛，但是当我们看到他对一条捡来的小狗给予的细心和温情后，他那内心的善良会给我们留下很强的美感。

谦虚是一个人应有的美德，一个谦虚的人总是表现出谦和平静，虚怀若谷。周总理之所以能赢得世界上其他国家领导人的敬佩，赢得国内人民的热爱，与他那谦虚的人格分不开。他一向以为人谦虚、平易近人、彬彬有礼而闻名中外。无论是对领袖，还是对一个普通工人，他都一样尊重。

谦虚是建立在对自己和他人正确估计基础上的一种人生态度。谦虚的人总是谦和平静，虚怀若谷，与自高自大、心胸狭窄相对立。三国时的周瑜，年轻英俊，意气风发，火烧赤壁，战功辉煌。但他年少气盛，目中无人，在与诸葛亮的合作与暗中较量中屡次感到诸葛亮胜他一等，最后发出"既生瑜，何生亮"的叹息，气闷致死。这样的自高自大、心胸狭窄必然影响到周瑜的形象，人们都觉得诸葛亮不仅比周瑜更有智慧，而且为人更潇洒、更美。在后来的舞台形象上，人们把本属于周瑜的"羽扇纶巾"都给了诸葛亮。在日常生活中，谦虚的人总会得到别人的喜欢，谁愿意和一个目空一切、盛气凌人的人在一起呢！由于谦虚的人对自己有一种永不满足的要求，所以他就能够不断完善自己，从而使自己日趋完美。

三、修养风度

修养风度也应该是大学生必须具备的品格，因为修养风度完全是在生活实践中培养的，是知识、能力、涵养的总体特征，是使人的形象透明发亮的光芒，是可以意会不可言传的人的风采。修养风度主要表现在仪表、礼节和谈吐上。

仪表主要是指人的服饰装扮，因为人总是着装修饰之后才出现在他人面前，他人的第一印象与仪表是分不开的。自然的形体容貌一般来说是人很难自己选择与改变的，但仪表却是可以按照自己的愿望去创造的，是表现修养风度的重要部分。

礼节作为人们社会活动中的行为规范，是文化的一个组成部分，是社会文明的标志。人的言谈举止能否合乎礼仪，显示出内在的文化修养的高低，当然也是组成风度的一束光芒。所以彬彬有礼的人总有一种高雅的气质与"绅士风度"。作为大学生，要熟悉一般的交际活动，如初次见面、聚会、赴宴、祝贺、送礼、探病、吊丧、访友、献花、舞会、参观等方面的礼节，并能在各种活动中得体地运用。例如交谈，要注意三点：首先，谈话时态度要诚恳、自然、大方，言语要和气亲切，表达清晰得体，双方精力集中，互相正视，耐心听取对方谈话，不要轻易打断对方话头或随便插话，也不要指手画脚；其次，要注意区分交谈对象，分别予以相宜的礼节。对上级、师长、长辈要表示尊重，对下级、晚辈、学生等要平等、亲切，男女之间交谈要文雅，不开过分的玩笑，注意距离；再次，交谈中出现意见不一致时，要保持冷静，或回避话题，或以委婉、商量的口气说出自己的意见。如果能以幽默、机智的话语表明自己的看法又不至于失礼，那就是最理想、最有风度的处理办法了。当然，很重要的一点是不要出言不逊、强词夺理、恶语伤人。

谈吐与人的学识智慧有更紧密的联系，因此高雅机智的谈吐最能显示人的修养风度。高雅的谈吐用词得体优美，内容丰富广博，具有巨大的吸引力，往往使人听得入迷，油然而生赞美之词："听君一席话，胜读十年书"。谈吐中的机智能使谈吐具有幽默和潇洒大度的特征。高雅机智的谈吐是博学多识和智慧敏捷的表现。"腹有诗书气自华"，便是说饱读诗书之人自然会有美的气质和风度。《红楼梦》中的林黛玉聪慧清雅，才思神妙，增添了她身上典雅不俗的风度美。那只会说一句"一夜北风紧"的王熙凤，虽然漂亮、精明，"恍若神仙妃子"，却有一股弄权牟利的俗气。现实生活中的情况也一样，漂亮的容貌、华丽的服饰、洒脱的举止，自然有一种风度，但如果一开口言谈平庸、浅薄、粗俗，则风度锐减，由此可见风度与人的内在智慧学识的关系。作为大学生，除了专业学习之外，需要广泛涉猎各方面的知识，开阔视野，拓展思路，增加学识智慧的厚度，从而使自己的言谈逐步高雅机智，表现出良好的修养风度。

四、聪慧能干、才智出众

知识是人内在气质的基础。大学生与社会青年的不同之处是他们的聪明和才干。正是由于他们内心的丰富，使他们显示出聪慧高雅的精神状态，这是大学生形象美不可缺少的内容。古希腊哲学家德谟克利特说："身体的美，若不与聪明才智相结合，是某种动物性的东西。"只有美的外表，却没有知识的人，显得空虚、茫然。一个相貌堂堂的青年，写得满纸错别字，且没有一技之长，并不会给人以美感，而相貌一般但才智过人的人却让人感到美好。宰相刘罗锅其貌不扬，但才智过人，他的才干和智慧给人的美感使人们喜欢他，而忽略了他身体的缺陷。美是有功利目的的，只有美而毫无用处的东西，并不会给人以真正的美感。一个人的美好，更应该看重的是才华和品格。苏联著名诗人马雅可夫斯基有一头美丽的头发，深得画家列宾的赏识。可是，当他请列宾为他画像时，却提前把头发剃掉了。列宾很不理解，问他这是为什么，他说："一个人的美不在外表，而是在才华、气质和品格上。我怕你在画像时光注意头发而忽略了对其他方面的刻画，便把它剃掉了。"可见，马雅可夫斯基注重的是自己的才华。

聪慧高尚也是大学生应该具有的特点，它是大学生内心世界——才智、理想、人格、情操等在行为举止中的展现。如果行为举止体现了社会公认的美好的精神价值观，体现出聪慧高尚的特点，那就构成了大学生美的形象的深刻内涵。

作为一名大学生，智慧和才能是必不可少的，而智慧和才能是构成大学生美的形象的要素之一。古希腊学者德谟克利特说得好："身体的美若不与聪明才智相结合，是某种动物性的东西。"这是因为智慧和才能是实现人的价值的最重要的因素，是美的基础。自古以来，人的力量、灵巧、才能就受到普遍重视，并不断转化为美。原始狩猎民族首先是把动物的齿牙、羽毛、皮、角、爪等作为人的力量和才能的象征，后来才作为美的装饰。大学生一般都是聪明的，但智慧和才能不是天生的，需要学习和积累。而且智慧和才能并不局限于专业知识，它是多方面的。多才多艺，心灵手巧，最能增进大学生的形象美。

高尔基曾说："人的知识愈广，人的本身也愈臻完善。"这话是很有道理的。知识的多与少、厚与薄、宽与窄、粗与细，直接影响到人的精神面貌、风度气质。一个医术高超的医生，在病人面前会显得自信与沉稳，因为他有丰富的医学知识支撑自己；反之，如果一个对医学知识一知半解的实习生，他就会表现得畏畏缩缩。《三国演义》中曾有一段张松讽刺曹操的描写。张松长相难看，曹操以貌取人，看不起他，并让他看自己列兵检阅，自夸攻无不克，战无不胜。张松当即反讽道："濮阳攻吕布之时，宛城战张绣之日，赤壁遇周郎，华容逢关羽，割须弃袍于潼关，夺船避箭于渭水，此皆无敌于天下也。"面对耀武扬威、掌握生杀大权的曹操，张松却能大义凛然，坦然相对，又有机警的辩才，历数了曹操几场狼狈不堪的大败仗，才使曹操自取其辱。这时，我们对张松只有佩服了。诸葛亮面对曹操八十三万大军和东吴的重重杀机，却能羽扇纶巾，谈笑自如，舌战群儒，火烧赤壁，凭的也是他渊博的知识，他已成了人们心目中智慧的化身。

美是有时代性的，不同的时代，对人物形象美的要求也不一样。古代认为读书人应是"文质彬彬，然后君子"，时代需要传道授业的"君子"，强调要文雅；新中国成立以前，时代需要的是"横眉冷对千夫指，俯首甘为孺子牛"的战士，所以人物美强调的是勇敢的斗争精神；而今，我们生活在科技高度发达的时代，为了国家的强大，为了民族能屹立于世界民族之林，我们需要的是有才能的知识型人才。合理的知识结构，较强的实际办事能力，是当代大学生必须具备的两项生存能力，也是大学生形象美的重要方面。

我们正在向美好的时代迈进，让我们做一个真正美的现代人，以无愧于我们美丽的生命和美好的时代。

第三章　高校美育的特点

第一节　美育自身的特点

美育自身的特点主要表现在四个方面：情感性、形象性、趣味性、丰富性。这是由美育自身的本质特征所决定的。

一、寓理于情的情感性

有人以为美育便是艺术教育。这种理解有其片面性。一方面，美育虽然以艺术作为教育的基本手段，但又不限于艺术，现实美同样是美育的手段，也可以产生"陶冶感情"的作用。另一方面，如果运用艺术进行教育时，只是去讲授某些艺术理论、艺术史知识，或者仅挖掘艺术作品中的思想含义，并没有引起人们的情感活动，那么，这还只是一种智育或德育，而不是美育。只有通过艺术活动引起受教育者情感的共鸣，使心灵受到震撼或抚慰，产生审美愉快，才是美育。

但实际上情感是为人所专有的，是人对认识对象的一种体验和态度，是主体对客体的一种感受形式。其中的审美情感不同于一般的情感，它是由美的形象所引起的，而美的形象之所以能引起人们的审美情感是由于其体现了人的本质力量，凝结着人的创造智慧与理性，所以最容易与人的情感相沟通，给人带来欢乐与鼓舞，并且审美情感能超越狭隘的功利主义。在审美活动中，只有当人们冲破个人的欲念才能真正获得美的享受。这种享受除了能带给人精神愉悦外，还能使人从心理与理智上得到满足，从而激励人们更加热爱生命与生活，为创造人类更加美好的生活而奋斗。

　　席勒早就意识到美育可以完善人生、完善人性、完善情感。美育自身是情感的教育，因此，实施美育一定要注意以情动人。这一点与伦理学有异曲同工之妙，只不过美育的情感教育不是说教，是潜移默化的一种情感积淀。心理学研究表明，人的一生中如不能满足正常情感的需要，那么他的人格发展就会遇到障碍。情感在人的心理活动中有着不可缺少的动力作用。美育的作用就在于完善人的情感，培养对假、恶、丑的恐惧感、憎恶感，对真、善、美的同情感、亲近感、共鸣感。整体美育过程是以生动的形象、道德情感的参与，使精神境界得到净化，使其不具有明显的功利性和实用性。美感使人超越了世俗情感，使人的整个心灵进入审美境界，进而达到天人合一的境界。

二、寓教于美的形象性

　　美育以情动人，是通过审美形象为手段来实现的。无论是自然美、社会美或是艺术美都和特定的形象分不开。我们说一个人的心灵美，这绝不是抽象的概念，而是和他的言行所构成的形象相联系的，正是通过这种外在形象才使人具体感知某个人心灵美之所在。审美形象是美感的基础。美感不是凭空产生的，而总是与一定的审美形象相联系的。审美欣赏的对象应该是具体可感的，而审美感受的极致又是只可意会不可言传的。中国美学中的"不着一字，尽得风流""不涉理路，不落言筌""羚羊挂角，无迹可求"等都生动地描述了艺术美的形象性、非概念性特征。黑格尔认为，"美只能在形象中见出"，是我们"可观照，可用感官接受的东西"。车尔尼雪夫斯基也认为，"形象在美的领域中占有统治地位"。审美的形象性要求高校美育过程从教材到活动、从教师的指导到活动环境都具有形象性的特征。

　　然而，美育的形象性并不仅仅意味着美育实施伴随着感性形象，而且意味着对形象的情感意蕴的体验与领悟。席勒把美定义为"活的形象"，也就是"生命形象"，车尔尼雪夫斯基提出"美是生活"，其本义也就是指美是生命的形象，他们的观点虽各有不同，却都充分地肯定了审美对象的生命本质。所以说，审美对象的感性形象性是表面特征，寓生命活动于形象之中才使其具有深刻的本质特征。而从主体方面来说，个性的情感生命不能通过概念来表现，只有在形象中才能得到释放与升华。由此可见，寓教于美的形象性正是美育本质功能的具体表现。

三、寓趣于美的趣味性

美育的趣味性来自美育的感性形象性。美育的过程始终伴随着生动可感的形象，始终伴随着对生命形象的体验。故美育的趣味性是指美育过程中对受教育者应有的吸引力，使其始终对审美的创作与欣赏保持着浓厚的兴趣。从主体方面看，美育的趣味性源于美育过程中对个性差异的充分尊重。在这里，"尊重"不是一种消极的意义，也不是一种礼遇，更不是意味着放纵或容忍，而是一种积极的意义。它意味着满足每一个受教育者的个体情感生活需要，鼓励学生独创性的充分发展。美育的趣味性还意味着活动中个性的尝试性。青年人的兴趣往往源于对新奇事物的一种自发的探索冲动，没有探索和尝试也就没有兴趣。受自发性驱使的美育过程充满活力，趣味无穷，个体全身心地投入其中，达到忘我的境界。然而，这一境界的达到，不是靠外在的强制或控制，而是靠个体在自由、安全的环境下充分显示个性化的探索和尝试。美育过程的探索性和尝试性是由审美活动的高度个性化特征决定的，美育的功能和目的只能在不断创造的探索和尝试过程中实现。就创作而言，如何掌握和运用媒介并以此来达到与内心冲动相适应的形式就是一个不断探索和尝试的过程。在欣赏活动中将感性材料创造成一种有意义的对象并达到某种领悟也是一种探索与尝试。创作和欣赏不可能有一个明确和统一的规则或答案，也没有按部就班的程序，即所谓"一千个观众心中就有一千个哈姆雷特"。美育正是以鼓励这种有差异的探索和尝试而显得趣味盎然，使受教育者积极主动地接受教育，并乐此不疲。有个性差异的、注重过程本身的、自由的探索和尝试等，都很类似"游戏"，美育的趣味性正与审美的类似游戏的特征密切相连。虽然席勒、斯宾塞等人的审美游戏说有严重的缺陷，但是它却极鲜明地揭示了审美与劳作的不同之处。肯定美育的趣味性并不意味着抹杀美育本身严肃的教育价值，恰恰相反，美育自身具有的那种严肃的人生价值正是通过趣味性体现出来的。

四、寓多于一的自由性

席勒在讲到美育的特点时曾指出,美育是"通过自由去给予自由,这就是审美王国的基本法律"。这说明美育在方式上必须是自由的,美育的目的是使人得到更多的自由,成为完美的全面发展的人。审美的自由是指审美主体的一种审美精神状态,即人在审美活动中摆脱了狭隘的物质欲念的束缚,专心致志地沉浸于审美对象的观照中,获得精神的愉悦与满足,达到心灵的超脱和解放。审美的自由性决定了美育行为的自由性。这也就是说美育对受教育者完全出于本身的自觉自愿,不能带有任何强迫性,也不需要强迫和灌输,而是依靠美的形象本身的魅力来吸引人。美育的主体是主动参与的,由于自己的兴趣爱好、内心需求和对美的渴望,心甘情愿地参与全过程。所以,审美主体的美育行为始终是处于自主的地位,是自觉自愿地接受美的洗礼。主要表现在:其一,审美主体在审美过程中的积极主动性。美育以其生动具体的感性形象去感染人,打动人。美的形象本身就让人赏心悦目、心旷神怡,很容易激发审美主体主动"献身"投入,"痴情"追求。其二,就是审美主体在审美效应上获得的精神和个性的自由舒展性。黑格尔说:"审美带有令人解放的性质。"在审美的王国里,审美主体卸下了一切关系的枷锁,摆脱了狭隘的物质欲望的束缚,沉浸在美的境界里,精神完全处于一种自由解放的状态。这种状态就像庄子所说的"心斋""坐忘",也就是保持一种澄明的心境,从内心彻底排除利害观念,达到"无己"的"至美至乐"的境界。审美主体以超然的心态体验美,在美的世界里遨游,在美的洗礼中进行精神上自由地再创造,从而获得情感和个性的自由舒展。

最后是美育实效行为的自由性,既为受教育者创造了一个宽松的教育氛围,使之在轻松愉快中接受知识,又使受教育者能充分施展自己的才华,发挥创造才能。俗话说:"会玩的人才会学习。"席勒也认为只有通过游戏才能使人达到完美,人才能成为具有充分意义的人。这些都是说的美育的自由性对人的创造性思维的促进作用。因此,大力开展美育对培养新型人才有着重要的现实意义。

第二节　高校美育的内容、实施者、手段及途径

高校学生爱美、对美的追求，虽然由学识水平、文化素质所决定而具有一定的理性自觉，但自发的因素还是占有很大的比重，这也与我国目前的美育状况有关。自发地活动决定了高校学生对美的理解的模糊、零散与不确定。这就导致在具体的行为上出现盲目自大、自以为是的"审美"现象。因而必须通过美育使高校学生对美的追求深刻化、系统化和自觉化，使高校学生的审美活动得到健康发展。

一、高校美育的内容

高校美育包括两个方面：一是审美理论学习；二是审美实践活动。

（一）审美理论学习

审美理论主要包括三个方面：美学基础理论、艺术理论与艺术史、其他审美常识。美学基础理论是对人类审美现象的整体分析，展现了美的世界的全部内容。它使人懂得美的原则和各类审美范畴，懂得美的存在形态以及人类审美活动的过程，懂得人类为什么需要审美活动和美。这是高校美育的主要内容，旨在使高校学生掌握美学的基本知识，从理论上引起对审美的重视。艺术活动是人类审美活动的最重要的组成部分。艺术活动需要一定的理论指导和知识积累，各类艺术的特征、作者、作品（包括其背景、时代、风格）以及象征意义等，都对艺术活动起着积极的"向导"作用；其他审美常识是指人们的衣食住行中所涉及的审美经验积累。人类文化无论是物质文化还是精神文化都有审美的层面。在长期的实践中，人们对美形成了一种模糊但又存在着共识的审美标准。审美标准由两个方面组成：一是相对稳定的形式美法则。这是在长期的实践活动中积累的，建立在形式感受的基础之上。

由于不与内容直接相关，具有相对的独立性，因此，有着广泛的一致性，几乎在一切人类和不同时代通用。二是具有地域性、时效性和阶层性的审美理想。它是一种社会的审美标准，是变化的，在一定地域、时代和阶层中又有一致性，因此也是一种审美常识。我们对于这两种审美常识都要掌握并能具体运用。重视审美理论的学习是对高校学生进行审美教育的一个方面，而要真正提高审美修养，更重要的是指导高校学生积极有效地参加审美实践活动。

（二）审美实践活动

人们常说，美在我们身边。学生生活的环境——学校、家庭，花草树木、日月星辰，还有日常用品、艺术品等，都是学生审美活动得以进行的组成部分。审美活动使主体进入一个属于个人的审美世界，并从中获得巨大的审美愉快和享受。不进行具体的审美实践活动，美是无法获得的。只有以积极的态度去关注、去欣赏、去体验，才能获得美。从某种意义上讲，美育只能是一种自我美育，也就是说，无论社会、环境、群体、家庭等提供了什么样的美育条件，都要经过自己自觉的审美活动获得对美的感受与体悟。

审美创造是更深入的审美活动。审美创造主要是指艺术创作。作为有较高文化修养的高校学生，应该参与自己喜爱的文学艺术创造活动，如写诗作文、唱歌跳舞等，以增加自己的艺术修养与才能。审美活动是一种生命的体验，从某种角度讲具有审美创造的意味。只要用心去参与、体验，即能获得审美的愉快，理解美的意义。在我们的日常生活中，审美创造的机会处处都有，关键在于我们能不能自觉、积极地参与，从中获得美的体验。每一次审美实践都能获得审美经验，而这审美经验又不断地增强其自身的审美修养。

二、高校美育实施手段

理想的审美教育，应当是一种深层次的充满情感的、形象的诗化教育。它也和其他的学科相同，在教学过程中必须遵循一定的方法和原则，运用必要的教学手段，应着重做好以下几点：

（一）转变观念，提高思想认识

我们应当充分认识高校审美教育的重要意义，认识到社会对"审美型"人才的需求。高校审美教育应坚持全方位的审美观，要彻底摆脱审美教育是艺术技能教育的传统观念。审美教育不仅涉及教育教学内容，也是一种教育教学方法。不仅有独立的教学体系，还具有全面育人、优质育人的特殊功能。审美教育的方法与原则应该贯彻到高校教育的各个环节中去，高校的领导艺术、管理方式等都应该渗透着审美教育。

（二）在教职工中加强舆论引导

要充分利用舆论在行为导向中的作用，加大宣传力度，使广大教职工深入理解和谐、全面发展的重要性，理解审美教育对提高学生综合素质的重要作用。要调整教学和工作目标，充分调动广大教师和职工的积极性，使大家认识到学校工作的各个环境、各个场所都是对学生进行审美教育的阵地，教职工的一言一行对学生都有潜移默化地影响，每一位教职工都有自觉对学生进行审美教育的职责。

（三）在学生中加强审美观念教育

高校美育应结合社会对"审美型"人才需要的实际，让高校学生看到自身审美素质的差距，意识到在目前就业形势严峻的大环境下，提高审美素质的重要性。结合高校学生的思想实际，以美学理论为指导，教育、启迪学生树立健康、正确的审美观，通过广泛的审美实践活动，使学生的情感得以陶冶，以此去发现美、认识美、感受美、创造美、传播美。用美的规律、美的思维完善自我，塑造全面和谐的人格，使综合素质得以提高，从而形成与社会发展相一致的意识形态和适应未来发展的内驱力量。

（四）加快实施者及受众者的角色互换

提高审美教育的效果在很大程度上依赖于师生之间新型关系的建立，在传统教学中，教师在课堂上是中心，处于"我教你学""我讲你听"的地位，而学生则是完全听任教师的摆布。要想达到使学生全面发展的目的，审美教育过程中就既要发挥教师的主导作用，更要能真正调动学生参与的积极性。这就要求教师在教学过程中重新定位，将教师原来作为知识传授的"核心角色"转换成学生学习的"促进者""引导者"，把养成学生正确的学习态度、方法以及灵活的知识吸收能力作为教学的主要任务，通过多种教学形式和教学方法的变革，使学生在有限的在校学习时间里掌握更多的艺术知识，扩大知识面，完善知识结构，全面提高自身的素质。

第四章 高校美育教育的现状及问题分析

第一节 高校美育教育现状

    高校教育是国家进行人才培养的重要环节，而高校美育应贯穿于高校教育的德育、智育和体育之中，构成育人的教育系统。同时，美育又是审美活动中的重要环节，在进行美育的过程中，必须与审美创造、审美传播、审美鉴赏相融合，因此，在高校美育过程中，必须遵循育人的教育规律以及审美活动的规律。美育促进人的全面自由发展在教育体系中的重要作用毋庸置疑，是不可或缺的关键一环。大学生是祖国的未来，青年大学生的能力素质水平将直接决定一个国家和民族未来的发展前景。高校肩负着为国家培养优秀人才的重任，因而，高校是开展美育的重要场所，也是重视美育的重要阵地。因此，了解当前高校美育现状十分必要。在高校教育中，高校管理层、教师与学生，在重视美育的过程中起着举足轻重的作用，了解当前高校教师与在校大学生对于美育现状的态度和评价，在解决高校美育困境，寻求发展美育、丰富美育途径等方面具有重要意义。本节主要从美育工作总体状况、美育课程开设情况以及高校师生对目前高校美育的总体态度和评价进行了调查和总结，能够较为客观、真实地反映出我国高校美育的现状，为我国高校进一步加强美育建设提供了有益参考。

一、高校美育的总体评价

    2019年4月教育部印发的《关于切实加强新时代高等学校美育工作的意见》中指出："高校美育要以艺术教育的改革发展为重点，紧紧围绕高校普及艺术教育、专业艺术教育和艺术师范教育三个重点领域，大力加强和改进美育教育教学，建强美育教师队伍、深化美育教学改革、推进文化传承创新、增强服务社会的能力水平，全面加强组织保障，切实改变高校美育的薄弱现状。"从这个《意见》的内容中，不难看出，高校美育是高等教育中比较薄弱的环节。

从高校美育的功能发挥上来看，高校美育对于学生的审美意识的提高、审美能力的培养以及人格的养成所发挥的作用确实不会立竿见影，而是一个潜移默化的长期的过程。从美育途径来看，高校美育教育主要有以下七种途径：一是在高校大学生思想工作中渗透美育；二是开设音乐、体育、美术等艺术类专业课程；三是开设人文素质类选修课；四是举办专家学者的学术讲演讲座；五是开展丰富多彩的校园文化活动；六是创建优美向上和谐的校园环境；七是通过专业课的教学，渗透美育，充分发挥各门课程课堂教学在美育中的作用，鼓励教师积极挖掘蕴涵在教材中的美的因素，使学生既掌握专业知识，又受到美的教育。如果学生在大学教育中不能切实感受到高校美育的存在，那么说明在美育途径方面，高校利用得还不够充分。如开设艺术类专业课程、人文素质选修课和举办讲座这些学生比较喜欢又较为直接体现高校美育目标的教育形式实施得不够，那么其他意图将美育渗透到思想工作、融入专业课程、融入校园环境和校园文化中的一些相对隐性的审美教育途径，就更难引起学生的关注和重视了，所产生的效果不佳也是必然。高校美育受重视的程度直接导致其成为高等教育中的薄弱环节，学生既无法感受到美育的存在，美育的育人功能又很难面向全校学生发挥作用，美育强大的、不可忽视的育人功能无法凸显。

导致高校美育不受重视的原因，主要体现在以下两个方面：一方面，高校美育工作管理者不能正确认识美育工作的重要性，缺乏美育工作的实施动力，再加上美育教师的美育意识不够强大，学生接受美育教育的效果不明显，进一步加剧了学校美育被忽视，从而促使学生和教师几乎没有对学校美育产生感知。另一方面，由于高校美育工作的被感知度不高，从而导致其所具有的育人功能很难发挥作用，进一步加剧了高校美育工作不能很好地凸显学生人格养成的功能和目标，在提升学生审美意识、提高学生审美能力、养成学生完整人格等方面显得力不从心。新时期，以美成人的美育的核心是实现对生命的终极关怀，唤醒人们对美的感悟、培养欣赏美、创造美的能力，构建自由、和谐、完善的健康人格。当前高校美育工作不受重视、感知度低下，以上原因成了目前高校美育工作中急需解决的两个问题，直接导致高校美育教育不能在大学校园中发挥提升学生全面综合素质的作用，没有能够实现美育教育育人的核心目标。

高校教师和大学生普遍都认为高校美育对于学生的素质培养和人格养成具有积极的促进作用，认为美育可以使学生加深对于美的理解，是对大学生世界观、人生观和价值观形成的正确引导，促进学生自身的全面发展和成长成才。

具体归结为以下三点：第一，高校美育有利于大学生树立正确的世界观、人生观和价值观，使大学生能够正确地判断真假、美丑与对错。在调查中，了解到高校师生认为高校美育对于大学生的全面发展和成长成才具有重要作用。通过高校的审美教育，能够帮助大学生正确地看待和判断社会生活中的事物，拒绝虚假的、丑恶的、错误的事物，接受真善的、美好的、正确的事物，从而以此来规范、端正自己的行为，完善自身，促进自身的全面健康发展，是树立正确的世界观、人生观和价值观的重要方面。此外，还有教师和学生结合美育课程，阐述了自己对于高校美育作用的看法："大学生的成长成才和全面发展需要有多方面的知识积累，美育课程能帮助学生开阔视野、丰富知识，提高对美好事物的认识和判断，因而学校美育不仅是知识层面的教育，更是思想意识层面的教育和提升。"第二，高校美育能够促进大学生具备发现美、感受美、体验美、欣赏美、创造美的能力，提高审美素养，使大学生感受生活的美好，提高生活质量。席勒是人类历史上提出"美育"概念的第一人。他认为：美育的内涵是自由，是人性的解放的自由，是通过审美克服人性分裂，走向人性完整；是超越实在的一种审美的自由，是一种"心境"意义上的自由。调查中，高校师生大都认为，高校美育能够促进大学生具备发现美、感受美、体验美、欣赏美、创造美的能力，而这样的能力是提高审美素养的基础，因为审美素养体现的是一种全面的综合素质，需要持续地积累和培养。审美素养的提高和自由"心境"的养成，是大学生发现、体验生活中的点滴美好的保障，从而提高大学生的生活质量，增加幸福生活指数。此外，还有学生认为，学校美育能够培养大学生的美感，提高修养和品位；开阔视野，接触高雅艺术，丰富个人情趣；培养健康向上的兴趣爱好，丰富课余生活。因而，高校美育不仅是一个能够提升个人综合能力素质的教育，同时也是一种能够极大丰富大学生精神生活的教育，对大学生的全面发展和成长成才具有积极的促进作用。第三，高校美育能够提升个人素养和气质，提升大学生在人际交往中的魅力，增加求职就业的成功率。美育是美的教育，是指向人的心灵的教育，是人类通向美的境界的阶梯。具有审美素养的人，言谈举止、举手投足之间都会彰显长期接受教育而逐渐积累形成的内在修养，展现出一种高雅的气质。因此，高校师生都认为加强高校美育，能够提升大学生的内在素养，彰显高雅气质，能够使自己在人际交往中焕发更多的魅力，获得更多的人脉关系，受到他人的尊重和欢迎，同时也能够增加求职就业方面的成功率。

此外，很多教师认为高校教师应具备美育意识，美育意识是高校教师所必须具备的重要意识之一，学校加强美育建设，不仅能够促进学生美育意识的加强，提高审美能力，有利于其自身的人格养成和顺利成长成才，同时，也有利于教师的美育意识的提高，促进教师全面综合素质的提高和教育教学能力的提升。主要归纳为如下两点：第一，高校美育能够促进教师提升美育意识，有利于教师更好地开展教育教学活动。高校教师认为美育意识是所有高校教师所必备的意识。在高校课堂上，教师通过自身丰富的知识积累、得体的言谈举止和独特的人格魅力，将一堂生动、充实的专业课程教授给课堂上所有学生，这就是一种审美教育的过程，美育贯穿于高校整个人才培养过程之中，是一种隐性教育和显性教育的融合体。高校美育是一个系统工程，作为高校教育系统中的每一位教师都应该具有美育意识，注重自身的一言一行，有意识、有目标地对学生的思想意识产生积极的影响，这是教师开展教育教学活动的有力保障。访谈中，有教师直接谈到："高校教师应该具有美育意识，并将其渗透到教学中，这将有利于教师更好地开展教育教学活动。目前总体教学体系和课程安排的不合理使其难以实施，并且现有教师队伍本身人员也缺乏基本的美育、审美意识，因而很难通过教育传达及影响到学生，正因如此更应该加强高校教师的美育意识。"第二，美育意识对于教师成长和综合素质提高具有重要意义。一方面，具有美育意识的教师会将美育的内容和方式方法融入教学的全过程，这种具有新意的美育思想的融入，会使课堂更富有生机和生命力，能够提升学生的学习兴趣，提高课堂效果和效率。增加教师授课的自信心，也提升教学水平和教学质量，对于教师的职业生涯发展具有积极的促进作用。另一方面，具备美育意识的教师，在言谈举止和自我提升方面会提高对自身的要求。具备美育意识的教师，无论是在课堂的授课过程中，还是在日常与学生的交流过程中，美育意识都会贯穿教师行为和思想的始终，因而教师会有意识地从美育的角度来自觉约束和形成自身合乎"美"的言谈举止，这对于提升高校美育效果，树立高校教师的良好形象也具有积极的促进作用。

具备美育意识的教师会有意识地在自我修养和自我提升中注重补充美学方面的知识，这既是教师对学生进行美育所必备的知识储备，也是高校教师逐渐形成和完善自身的审美素养的必然要求，因而，高校教师具备美育意识，不仅会促进教师自身综合素养的提升，也会促进学校美育教育的进一步发展。

二、高校美育的认知现状

了解高校师生对高校美育的评价和态度，是建设和发展高校美育的思想前提，而对于高校美育目前具体情况的掌握则对于进一步建设和开展高校美育具有关键性的作用，是决定着高校美育建设应该从何处着手，采取何种措施的重要依据。在调查中笔者发现，目前高校师生对美育概念认识存在多样化现象。

美育是审美教育的简称，曾经被称为"美感教育""情感教育""人格教育""艺术教育""审美观教育""审美能力教育""美学知识教育"等，这样的称谓显示出在过去，大多数人对于美育的概念和范畴的认识不够全面。在这样不受重视、理解不全面的大环境下，造成了大众对于美育认识的长期不一致，和对美育概念界定的模糊。在调查中，从学生的表达中，我们能够比较直观地了解到大学生对于美育概念认识的不一致，有的甚至明确表示不知道什么是美育，由此可见高校师生对美育概念认识存在多样化现象，具体体现在以下几个方面：

第一，认为高校美育是课堂中对学生进行的审美知识和审美感受的教育。在调查中，所有对于高校美育做出进一步认识补充的学生大都认为高校的美育课程是高校美育的重要方面。但是，通过分析大学生的表述，也了解到有30%的学生对于高校美育的评价是以高校是否开设美育课程为标准的，他们认为高校美育，就是高校的美育课程教育。这些学生认为课堂是教授审美知识、培养审美感受的重要途径和场所。

如表示自身感受到高校美育的大学生认为："学校开设美学教育课程让学生有机会直接地接触生活中的'美'与'真'。""学校开设现代美学创意，课程的主要内容是教学生对不同的画、字进行鉴赏，学生们普遍反映感觉很好。此外，还有体育舞蹈课，老师在课上教学生华尔兹等舞蹈，提升了学生的个人气质。""艺术概论等课程，老师引导学生逐渐形成审美意识，提高审美的品位，深入了解艺术家的创作灵感与艺术理念。此外，课上给学生放映一些比较有特点和新意的艺术作品，使学生对美有了更深刻的认识，对学生的审美产生了重要影响。"还有大学生表示对高校美育感受不深刻，他们认为："对学校美育感受的不是很深刻，专业课压力大。选修课涉及美育，学生也都是为修学分才选课的。"表示不能感受到学校美育的学生一般认为："学校基本上没有开设过相关的课程。""因为学校开设的课程基本上是和专业教育相关的东西，即使有少量的美育方面的课程，资源也很少，一般的学生平常也很难接触到，所以几乎不能感受到学校美育。"从学生的表达可以看出，学生将美育课程作为高校是否存在美育的重要评价标准，即认为高校美育是课堂中对学生进行的审美知识和审美感受的教育。

第二，认为德育就是美育，将德育与美育相混淆。在调查中发现，一些学生对于德育和美育的界限并不清晰，或者将美育同德育相混淆，或者将二者统一。有学生谈道："我觉得自己能感受到一些学校美育，比如说最近一直强调的学校学风和道德建设，以及平时的一些课外活动，都积极引导了当代大学生应该如何正确地看待事物和看待美。""我认为学校的德育评比是学校的美育。""学校对我们学生进行的有关马克思主义理论的学习，不断提高我们的思想政治素质，培养我们全面认识美以及分析伦理学意义上的美，陶冶我们的道德情操。我认为这是学校对我们进行的美育。"当然，我们知道美育和德育是有区别的。美育和德育都是教育的要素之一，当然和教育一样具有培养人的功能和作用，但是，美育和德育又都具有其各自的特色和教育的特殊目的和目标。"德育主要在于培育具有自觉的道德意识和高尚的道德行为的人，也就是道德感强烈、一心向善的人；美育则主要培育具有先进的审美感官和高度的审美能力、能独立从事审美欣赏、独立从事审美创造的人，也就是执着进行审美追求的人。"美育应该渗透在德智体美劳等各方面教育中。在德育教育过程中，要强化文体活动、艺术鉴赏、时事教育、实习实践、文明规范等形式、内容和过程，使德育充满愉快的感受并具有吸引力。王国维对美育的功能进行了概括，在《论教育之宗旨》中，他指出："美育者，一面使人之感情发达，以达完美之域；一面又为德育与智育之手段。"因而，通过调查，我们可以发现，大学生目前还并不能真正理解美育的内涵，存在对美育的片面认识。

第三，认为美育就是对审美能力和审美素养的培养和教育。在调查中，也有学生对于美育的看法与其他大学生看待美育的视角不同。他们没有过多地考虑学校美育是通过何种方式、借用何种载体来开展的，而是从美育的效果着眼，提出了学校美育是学校对于学生审美能力和审美素养的培养和教育。如有的大学生在调查中讲道："我们学校开设了美育课程，且通过各项活动把正确积极的审美观融入了我们的生活之中，这种方式更加能深入培养大学生的美学素养，有利于大学生美学素养的形成。""我能够感受到学校美育，学校立足于当前大学生审美素养的现状，以培养学生良好的审美能力、审美情趣和审美修养为目标，把握建构大学生审美精神的内在规律，使我们摆脱社会现实的条条框框，促进了大学生审美教育的发展。"当然，在调查中有的大学生表示没有感受到学校美育，其中有的学生对于美育发表了自己的看法："我不能感到学校美育，大学课堂基本采用'满堂灌'的机械式教学方式，通过这种方式也许能够容易让学生记住知识，但是学生缺乏灵活运用知识的能力，更重要的是在思想上限制了大学生的自我思考的空间，影响了大学生审美能力的提高。"调查中，无论是感受到还是没有感受到高校美育的学生，都是从是否促进了审美能力和审美素养的养成的角度进行观点表达，认为美育就是对审美能力和审美素养的培养和教育。

三、高校美育的课程现状

高校美育课程是高校美育教育的重要抓手和体现形式，高校美育课程的现状也可以从侧面反映高校美育的发展现状。笔者通过调研发现，现状如下：

第一，仅开设美育通识选修类课程，且课程数量较少，覆盖面小。高校的美育课程面对非艺术类的学生主要以选修课的形式进行普及。但是从目前的调查来看，大学生普遍反映，高校的美育课程数量较少，能够选到课程的人数极为有限，和整个学校的总人数相比，其所能产生的影响微乎其微，很难满足广大学生对于美育课程的需要。这也很好地反映出调查中出现的一个现象，就是同一所学校的学生有的学生提到自己所在高校存在美育，因为开设了美育的公选课，而有些学生则表示完全没感受到学校的美育，而在这样的学生中，有很多都表达了希望学校能够开设美育课程的愿望。这里很明显地反映出，虽然高校开设了美育的公选课，但是由于课程数量较少，覆盖率较低，很多学生无法选到此类课程，造成了高校美育的进一步缺失。笔者在调查过程中发现，有学生直接提出希望学校能够增加选修课的数量，满足广大学生对于美育的学习需求。

第二，美育课程的内容较为传统，缺乏创新，没有相应的美育教材。调查中，在问及"你认为学校是否有必要开设独立的美育课程，应讲授什么内容"时，80%以上的学生认为有必要开设美育课程，不过针对目前的美育课程的开设情况以及其他课程开设的现状，多数学生很客观地提出了美育课程的现存问题。比如，他们认为目前高校开设的美育课程比较陈旧，还停留在以前，没有及时地进行调整以适应当代青年大学生的审美需要，于是使美育课程显得空洞无味，缺乏实用性。除此之外，还有学生提出美育类的教材十几年都没有改版更新过，更多的美育课程根本没有相关的教材，高校美育课程需要加强建设，美育教材的编撰更新是一项重要任务。

第三，教学方法、授课形式比较陈旧，缺乏新意。在访谈中，针对美育课程,多数学生认为大学生美育课程的讲授方式和方法有待开发,现在的很多美育课程在教学方法和教学形式上同其他专业类或是其他公共选修课很相似,几乎都是"老师讲,学生听"的一味灌输,缺乏教师与学生之间的互动与交流。长期以来,灌输式教育采用的教育方法主要是讲解,这种方法让学生只能单纯地接受、输入并储备信息和知识。这种教育使得学生失去了批判的能力,只能成为信息和知识的适应者,灌输式教育抑制了学生们的创造能力。而目前要极力倡导建设和发展高校美育,就是要逐渐克服这种一味地灌输,在教学方法缺乏新意,缺少一些能够寓教于乐的好方法和好方式的情况下,努力加强美育建设,开辟新的方式方法,切实发挥美育课程的作用,塑造学生良好的人格品质,培养有创造精神、创新能力、具有智慧和能够解决实际问题的全面发展的人才。

四、高校美育的途径

高校美育与知识教育不同,它的根本目标不是要学生掌握艺术知识和艺术技能,而是通过美育使学生能够发自内心地感受到美。高校美育的途径主要包括教师的言传身教、美育课程、校园文化与环境、校园文化活动和校外实践活动。从调查的数据来看,高校美育途径按重要程度排序,依次为:言传身教、课堂教学、校园文化与环境、文化活动(包括校园文化活动和校外实践活动)。

（一）教师的言传身教是高校美育开展的重要途径

"师者,传道授业解惑也。"教师在学生的成长历程中扮演着重要的角色,对学生的成长成才起着举足轻重的作用。在对大学生进行调查时,提及教育方面的问题,学生们似乎很本能地首先想到教师。教师的一言一行反映着学校的美育,教师或者辅导员对于自身的审美教育起着重要作用。有学生说:"我从辅导员身上感受到的学校美育比较多,比如之前为校门口卖地瓜的老人捐款的事,就是由辅导员组织大家开展的一次献爱心活动。从这样的活动中,让我们深深体会到奉献与关爱,这对于提升我们感受美、判断美的能力很有帮助。""专业课老师对自身的完善和修养能够影响和熏陶学生们的生活。""学院里有很强的美学气息，教师身上都洋溢着美的气息，我们无疑会受其感染。""能感受到学校美育，老师们身体力行，是我们的榜样，教会我们什么是美，如何看待美、发现美。""我从老师们的一言一行中能够感受到学校美育。"教师的言传身教能够给学生带来深远的影响，其中，教师具备足够的人格魅力是必要方面之一。教师的人格魅力是指拥有健康人格的教师，以其真才实学、真情实感和真知灼见等为学生所认可和赞同的思想、道德、意志等内在品质，对学生产生的一种具有同化和影响作用的巨大吸引力，是教师的才、情、智、气质、能力、品质、语言等各方面感染力的综合，是教师的内在品质的外在表现。此外，教师的外貌衣着也是教师对学生产生影响的重要方面，教师在衣着服饰方面，展现出优雅大方、端庄得体，这是从一种直观的视觉角度向学生传达的美的感受，是一种审美的教育和影响。因此，教师的人格魅力和外貌衣着是教师对学生产生积极影响的重要方面，对学生的人格培养起着至关重要的作用，是教师的言传身教能够得以发挥正面影响的重要保障。因此，教师的言传身教是促进学生人格养成的重要途径。

（二）课堂教学是高校美育开展的常规途径

课堂教学是学校对学生进行教育的最为常见和常规的途径。美育的课堂教学一般包括专门的艺术类课堂教学、通识类课堂教学、融入专业的专业课堂教学以及校外实践课堂教学。开设美育课程，尤其是开设与艺术教育和专业教育相结合的选修课程，少而精的讲授美学和美育的知识、理论、观点、技法等，辅以生动活泼和形式多样的实践体验，有助于调动学生的积极性和主动性，直接而集中地提升学生的知、情、意的审美境界，增强识别美丑，进而提升发现美、体验美、欣赏美、创造美的能力。因此，美育课堂的建设不仅要加强传统观念中的校园内的美育课堂建设，还要加强和丰富校外的实践课堂，如组织参观美术馆、民俗馆、博物馆等，在参观的过程中听导引员的介绍，了解相关艺术作品、民俗风貌和历史文化等，丰富知识、开阔视野。同时，邀请相关的专家名人针对参观主题进行专题的讲座，进一步加深学生在校外课堂的学习感受，并且通过丰富和多样化的形式，培养学生对于审美艺术的兴趣，从而进一步加强学生的审美意识，提升高校美育的培育功能。

（三）校园文化、校园环境是学校美育的普遍途径

校园文化作为学校教育的重要组成部分，是学生审美素养养成过程中的环境、氛围因素，是最普遍的教育载体。校园文化是指学校师生在教育、教学活动中所创造和形成的精神财富、文化氛围以及承载这些精神财富、文化氛围的活动形式和物质形态。校园环境，包括了校园的建筑、校园活动场所和所有教学设施设备，它们既是校园文化的物质载体，也是校园文化的重要形式。高校美育蕴于高校校园文化之中，通过校园的自然景观、人文景观、校园建筑等向学生传递审美感受，提升学生审美意识，提高学生审美能力。高校师生认为高校的校园环境是能够体现学校美育的重要载体。在调查中，一些学生发表了自己的观点："能感受到学校美育，学校美丽的环境下处处有美。""能够感受到学校美育。学校不仅环境美，楼体建筑美，舞台美，文字也美。校园里美无处不在，这是学校的美育。""学校通过利用条幅、板报、橱窗等宣传工具，用一些具有引导性和鼓励性的话语时时处处提醒我们关注美、认识美。""学校的环境和教学氛围，都能够让我们感受到学校的美育。""能感受到学校美育。除了美育课程，学校还开设美术展览馆，供学生去欣赏中外名家的优秀作品。"通过调查，我们可以了解到，高校师生对于校园文化、校园环境作为学校美育的最普遍的教育途径十分认可。

（四）各种校园文化活动、社会实践活动是学校美育的关键途径

校园的各种文化活动是校园文化的重要组成部分，也是大学生校园生活的重要方面。在调查中，被访学生被问到"你认为学校美育存在哪些问题或者亟须改进"和"你最喜欢的学校美育方式是什么"两个问题时，90%以上的学生提到了希望在高校中广泛开展形式多样的美育活动，其中"实践活动"一词被提到的频率最多。高校师生一致认为学校组织的校园文化活动和社会实践活动能够让学生感受到学校的美育。校园文化活动以及实践活动是美育课程之外提升大学生审美意识的重要载体。一些大学生在调查中明确提

到："能切实感受到学校美育，从小学到高中没有明确提出对学生进行美育，但组织学生参加的活动，比如去敬老院和孤儿院照顾老人和孩子；在大学期间，大学生都参加很多社团组织和公益活动，这些无一不让我体会到学校的美育。""学校在美育方面做出了一定努力，比如开设了相关课程，组织相关活动。""学校开设了美学公选课，同时学校学院开展了丰富多彩的校园活动。例如服饰展览、短剧比赛、合唱比赛、征文比赛、文艺晚会，举办画展、音乐会、美学讲座，开展志愿者服务、支教等社会公益活动。学生可以参与其中，切身体会到审美教育的益处。""能感受到学校美育。学校开展很多形式多样的活动，通过这些活动来向大家传递正能量。"大学生将校园活动和社会实践活动这些能够表达"真、善、美"、能够传递正能量的活动形式都统统视为学校美育，在这些实践活动中，大学生主要提出了希望在校园中组织丰富的社团活动、文艺晚会、美术展览、音乐欣赏、电影公放、支教、义卖、捐助活动等多种形式的文娱和公益活动。学生们普遍反映，这些积极的实践活动能够在潜移默化之中将高校美育广泛开展起来，从而使大学生陶冶了情操，丰富了知识，开阔了视野，提升了审美修养，提高了综合素养。因此，高校师生一致认为校园文化活动和社会实践活动是高校美育的重要载体和关键途径。

第二节　高校美育教育现存问题分析

教育是民族振兴的基石，教育公平是社会公平的重要基础。要全面贯彻党的教育方针，坚持育人为本，德育为先，实施素质教育，提高现代化水平，培养德智体美全面发展的社会主义建设者和接班人，办好人民满意的教育。《国家中长期教育改革和发展规划纲要（2010—2020年）》中也明确提出："更新人才培养观念。深化教育体制改革，关键是更新教育观念，核心是改革人才培养体制，目的是提高人才培养水平。树立全面发展观念，努力造就德智体美全面发展的高素质人才。"党和国家注重高素质人才培养，把德智体美作为衡量和培养全面发展的人才的重要维度。德智体一直以来在我国的教育体系中被作为主流教育所倡导，并在多年的努力中取得了较好的成效。然而美育，尤其是高校美育却在逐渐地被忽视，被边缘化。通过调查，我们了解到目前高校的美育现状，并立足现状中存在的问题进行了深入的研究和剖析。最终，我们从当前高校美育的认识误区和观念缺失、教师队伍建设、高校美育课程和高校人才培养目标三个角度对高校美育的现存问题进行了研究和原因分析，探寻造成高校美育现存问题的根本原因，以期能够在之后的研究中为我国高校美育的发展、建设和完善提供参考意见。

一、高校培养目标的"功利化"取向

受社会诸多因素的影响，目前，我国高校人才培养目标出现趋于功利化的现象；同时，学生在社会、学校和家庭等环境的影响下，在高校期间对个人的培养目标也出现越来越功利化的趋势。

（一）高校人才培养目标趋于"功利化"

美育在素质教育中具有不可替代的重要作用，它把人的全面发展作为培养目标。美育目标与教育目标一样，是一个连续的整体，教育目标当中的教学目标、教育目标和远景目标等三个层次在美育目标中也有着具体的体现，只不过美育目标有其自身的独特性。美育目标实质上是根据社会对教育的根本需要，对受教育者个体在审美教育领域进行教育的预期效果和整体设想。而高校人才培养目标是对受教育者个性在德智体美方面进行教育的预期效果和整体设想。因而，美育的目标是高校人才培养目标中的重要内容。目前，受社会环境等因素的影响，高校人才培养目标更多体现为现实性的功利目标，是基于学生的基本生活生存需求而进行的对学生个人素质、技能提高方面的培养，使学生在激烈的就业竞争中占有更大的优势。因而，在人才培养目标上趋于"功利化"，以具体的就业率等数字来作为人才培养目标的成效来衡量。

第一，社会竞争激烈，就业压力大，高校人才培养被迫趋于"功利化"。大学生就业难问题凸显，并呈现逐年严峻的态势。在这样的情况下，高校面临着毕业生就业问题压力巨大，在很大程度上造成了高校不得不在进行人才培养的过程中，更加侧重对于大学生专业知识技能和对促进就业具有更加直接影响的方面。

第二，高校人才培养目标趋"功利化"造成人才培养机制更侧重专业课教育。高校人才培养目标趋"功利化"的现象必然导致高校人才培养机制变化。在课程设置和教育氛围等方面产生一定的影响。一方面，专业课程教育格外受重视，美育课程为其"让路"。近代以来，随着研究的日趋深入和专门化，普通教育逐渐向专门教育转化，学科的细分越来越明显。学科细分是在某一基础学科之上，不断出现新的分支学科与理论的过程。这种学科的细分促使学科不断丰富和扩展，同时使学科涉及的内容更加具有专门性和针对性。高校在进行人才培养的过程中，更加注重学科建设，注重专业专门人才的培养，因而在人才培养导向机制层面更加注重专业知识的教授和专业能力的提升，专业课程的设置和专业课程的教育在整个人才培养机制中占据绝对的优势地位，其他课程皆为专业课程"让路"，造成了诸如美育这类具有广泛的通识教育的课程不受重视，课程设置不足，进一步造成了高校美育的缺失。另一方面，专业技能教育氛围浓厚，学校美育氛围欠缺。著名教育家蔡元培先生曾说："既有普遍性以打破人我的成见，又有超脱性以透出利害的关系，所以当着重要关头，有'富贵不能淫，贫贱不能移，威武不能屈'的气概，甚至有'杀身以成仁'而不'求生以害仁'的勇敢。这种完全不由于知识的计较，而由于感情的陶冶，就是不源于智育，而源于美育。"然而，受传统"主科""副科"意识的影响，迫于就业对于专业技能和知识要求的压力，无论高校人才培养导向机制还是整个校园整体氛围，都充满着专业技能教育的浓厚味道。高校注重专业技能的培养固然重要，这也是学生课业学习的根本。然而，要培养全面发展的高素质人才，单单在专业技能等智育方面做得全面是不够的，这是一种"畸形"的教育。我国人才培养的新要求是要培养德智体美全面发展的高素质人才，因而，不能专业技能教育"一家独大"，进而使得学校专业技能教育氛围过于浓厚，而忽略高校美育教育，美育功能缺失。

（二）大学生自身培养目标的"功利化"趋向

经济飞速发展，人们的生活水平明显提高，但社会压力明显增大，物质生活丰富，精神生活却趋于日渐贫乏的状态。世界交流日益密切，文化的多元化发展日趋明显，在这种复杂的社会环境下，传统的教育理念也受到一定程度的影响。

第一，社会环境等因素造成大学生趋功利化，无暇审美。不得不承认，随着社会环境的变化，当代青年大学生面临来自各个方面的压力。高考前，面临升学的压力；上大学后，面临毕业就业的压力；毕业后，面临工作竞争激烈的压力等。在这样一种社会环境的影响下，大学生不得不将更多的精力放在更具有针对性的事情上，比如针对就业的压力，学生会更多地将精力放在专业技能和求职技能等方面的提升上；针对未来要面对的激烈的职场竞争，学生会有针对性地参加一些社团和组织，有目的性地参与一些活动，来增加自身与他人合作交流的机会，从而提升个人的人际交往能力；或是有规划性地去参与和组织一些活动的策划，从而创造机会，提升自身的组织能力和应变能力，以应对未来职场中可能遇到的困难和压力。这样一种具有极强目的性的"功利化"心态，一方面造成大学生客观上没有精力去主动参与审美活动；另一方面，造成大学生主观上认为自己不具备享受审美这样的"奢侈品"的条件，认为自己没有多余的时间用在审美素养提升上。因而，在多方面较大压力的环境因素影响下，大学生无暇审美，进而造成大学生审美意识普遍缺失的现象。

第二，大学生自身培养目标过于"功利化"，易造成"单面人"状况。目前，高校大学生在自身培养目标方面表现为过于"功利化"的现象，这种现象极易造成席勒所指出的"单面人"的状况，即人的情感、感性能力诸多方面都遭遇了限制甚至是退化。他们以虚无和悲观的态度来看待生活的意义，遇到一点儿挫折就轻易地放弃原则甚至生命。当前，在就业压力、竞争压力等困境的挤压下，高等教育和大学生自身更多的是注重知识和技能的掌握，将其视为自我培养的目标，把生存适应当成了人的本质。正如席勒所指出的，为了适应现代技术的发展，人被分成了碎片，"享受与劳动，手段与目的，努力与报酬都分离了，人永远被束缚在整体中一个孤零零的小碎片上，人自己也就把自己培养成了碎片……他就永远不能发展他本质的和谐。他不是把人性压抑在他的自然本性上，而是仅仅把人性变成了他的职业和他的知识的一种印记"。因此，需要从人才培养的目标出发来把握美育的发展，用审美和艺术的方式，把个体引向和谐、从容、超越一切物质束缚的境界中，在感性与理性之中找到平衡，逐渐消除学生自身培养目标过于"功利化"的现象，使学生内心达到一种安详、融洽的状态。

美育的终极目标就是要建构精神人格完整的人。正如马克思所说的，"创造着具有人的本质的这种全部丰富性的人，创造着具有丰富的、全面而深刻的感觉的人"。可以说，美育的终极目标始终是对人的生存意义的关注，是以人的自由和全面发展为终极目的。解决现有问题，建设和发展高校美育，是顺应国家人才培养需要、促进大学生个人成长成才的重要举措。

二、高校美育的观念误区

近年来，我国高校开展了多种多样的审美教育活动，在一定程度上促进了大学生的全面发展。但在具体实施美育时，较少有自觉地、真正地以大学生人格养成为宗旨来开展美育。因此，从以美成人的角度来看，当前高校美育实践存在三个误区，使得美育的人格养成功能不能充分发挥。

（一）把美育局限为艺术教育，使美育片面化

当前，在相当一部分高校中，还较为普遍地把美育仅仅当作是艺术教育。这一点从目前各高校开设的美育课程可见一斑。

美育课程主要是电影艺术欣赏、文学欣赏、艺术鉴赏、美学入门、演讲与口才、表演艺术、公关礼仪、外国文学欣赏、美术欣赏、应用美学、摄影基础、建筑艺术欣赏、中国传统文化、名著欣赏等。主要还是侧重"术"，即技术和技能的培养。事实上，美育的内涵要广泛得多，艺术教育不过是美育的一个内容，是实施美育的重要手段。艺术教育向受教育者传授艺术技能，培养的是受教育者特定的艺术能力。应该说，艺术教育在技巧、技能传授、学习过程中，是可以让学生感知并获得某些审美体验和知识的。也就是

说，艺术教育可以并且必然被包含于美育之中。但仅有艺术技巧、技能，并不等同于具有了崇高的审美意识，并不意味着就能促进人格完善。因为，美育关注的是一种精神的熏染和培育，旨在通过更加广泛的审美活动，培养人们感受美、欣赏美的能力，养成人们良好的道德情操和美好的情感，进而在更深的心灵层面唤起人的创造天性。

因此，美育与艺术教育是有着明显不同的，二者是一种包容与被包容的关系，艺术教育只是美育的一个方面和手段，美育有着更宽泛的内涵和外延。事实上，许多审美能力、审美境界很高的人并不一定会作画、谱曲、演奏，比如，老子、庄子等，但这并不影响他们成为天地、人生大美的领悟者，并不影响他们成为人格健全的审美者。美育教育侧重的是提高人的审美和人文素养，学校美育更是培根铸魂的工作，与艺术教育有着一些内涵上的不同。

（二）把美育等同于美学知识教育，使得美育表面化、肤浅化

从新中国成立以来的教育史来看，新中国成立初期，我国曾沿用蔡元培等人的教育主张，把美育列入教育方针，但在特殊的历史时期，高等教育被严重摧残，美育更是被无情地扫出了高校课堂。改革开放以后，经济的发展要求高等教育培养一大批具有较高科研能力的研究人员和具有专门技术的专业人才，这就要求高等教育把智育放在首位。但是，归根结底，知识教育不能取代审美教育。审美教育是克服现代化进程中人被异化、片面发展的教育，它以陶冶情操为主要特征，以养成理想人格为目的，以培养全面发展的人为旨归。可喜的是，在新时代美育发展的背景下，全国各高校已经普遍认识到美育的重要性，并逐步开始大学生美育的尝试。但是，在高校美育教育的探索过程中，还一定范围内存在着把美学知识的学习当作是大学生美育全部内容的错误认识。美育的特征表明，美育是比美学知识教育更为广泛的过程性教育，绝不能以美学知识的传授代替美育。美学知识教育在很大程度上是一种理论教育，是一种知识的传授，是一种智力的培养。它能使受教育者形成一定的美学理论素养，却不能形成学生的审美能力，帮助学生形成正确的世界观、人生观和价值观，不能把学生培养成全面发展的人。高校美育，

要突破美育知识的讲授，在更广泛的视野中开展审美教育，要遵循美育特点，弘扬中华美育精神，以美育人、以美化人，培养全面发展的社会主义建设者和接班人。

（三）把美育从属于德育，使美育的独特功能弱化

在我们传统教育观念中，德育在学校教育中具有优先地位。除了智育、体育以外，几乎所有教育都可以归属到德育。美育也常常被作为德育的一个手段来阐释和实施。直到现在，美育在我国学校教育体系中仍没有获得应有的位置。

事实上，随着高等教育的发展，不论是在教育主管部门、学界，还是在高校，对美育重要性的认识已经越来越达成共识。仅仅把美育作为德育的手段的认识和做法受到普遍质疑。美育与德育虽然有共通性，如：它们都有帮助人们养成良好品格，形成正确的人生态度和价值观念的一面，但它们之间还有着本质的区别。德育体现理性，美育体现感性。首先，德育讲求的是"礼"的教育，它有整套的道德标准，要求人们严格遵循，时刻铭记，在社会生活中，道德标准严格约束着人们的所思所为，帮助人们克己守礼，使自己成为一个具有良好道德操守的人。而美育却使人在一种轻松愉悦的状态中，在没有外部压力的情况下，自觉地去追寻美好的事物和情感，进而达到情感的升华、人性的和谐。其次，德育的目标主要是为了维护社会的秩序，避免人与人的关系失序、失范、失礼，教育的方法主要是说服和劝诫，受教育者更多的是处于被动接受的地位。而美育的目的是唤起人们对美的向往与追求，使人养成自由而全面发展的人格，教育的方法是培养人的审美趣味和欣赏美、创造美的能力，使受教育者的主观能动性被充分调动，自觉进入美育的全过程中。

综合分析上述美育过程中产生的误区，其产生的根本原因在于在美育实践过程中偏离了大学生审美心理需求和理想人格养成的根本宗旨。具体来说，主要包括以下三个方面：第一，唯理性的教育目标忽视大学生人格的全面发展。其目标主要指向学生的理性发展，体现在过程中就是过分强调掌握艺术技能的数量和精确性，注重审美表层知识的记忆和反复。这种教育很容

易"陷入过分注重知识的灌输和技能的训练，忽视心灵的教化和人格的培养的误区"。第二，统一化的教育模式容易抹杀大学生个性发展。总是按照统一的标准教育大学生，始终采取相同的教育模式，缺乏对不同教育对象的人格特质尊重，固有的教育惯性严重阻碍大学生人格的健康发展。第三，功利性的教育忽视了那些不能操作化、实用化的感受，不关心如何把学生的美育知识转化为审美能力，使大学生丧失了超越性品质，功利主义教育的根本弊端在于使学生丧失超越性，在精神层面没有得到提升。其结果是，教育最大限度地满足了个体和社会世俗性发展的要求，但是却导致了学生个体的人格危机、精神危机以及由此产生的严重片面发展和畸形发展，培养的学生有知识、有能力，但在人格、精神上却有很大缺陷。

综上可见，学校教育本应以培养大学生健全人格为最终目的，而实际情况却仍不甚理想，需要进一步完善美育策略，准确把握以培养大学生健全人格为根本宗旨的美育特质，着眼于大学生自身实现内心的平衡，促进大学生健康、和谐的全面发展。

三、高校美育教师专业化建设不足

教师是实施高等教育的核心，办好高校教育就要依靠广大教师的共同努力。要建设好高校美育，建立一支专业化的美育教师队伍是必要前提。目前，我国高校美育课程普遍以公共选修课的形式开设，且开设的课程数量较少，所覆盖的学生范围有限。伴随这样一种情况同时存在的就是高校缺乏一支专业化的美育教师队伍。专业化美育教师队伍的建设，是确保高校美育健康持续发展的重要保障和关键举措。建设一支专业化的美育教师队伍，一方面，美育课程的质量能够得到保证，美育课程才能够发挥积极的育人效果，真正使大学生通过美育课程提升自身的审美意识，掌握美学知识，提升审美感受力。另一方面，高校美育的开展有了师资和人员的保障，才能够持续进行、长效发展。此外，对于美育教师的队伍建设，能够从教师的意识层面，增强整个教职工队伍对于高校美育的关注，加强对学校美育的重视程度，间接提升了全体教职工的美育意识，同时，还有利于在整个校园范围内营造美育氛围。然而，当前我国高校缺乏专业化美育教师队伍的建设，在美育课程方面的教学质量无法得到真正的保障，在高校美育的持续发展方面缺乏持续的动力，在整个校园环境下，缺乏审美教育的氛围，从而使得高校美育开展存在现实的困难。

（一）缺乏建立高校美育专业化教师队伍的保障机制

教师是高校教育教学改革和发展的主体，在高校进行科学研究、学科建设、人才培养的过程中起着至关重要的作用。要建立一支专业化的高校美育教师队伍，制度保障机制是必要前提。那么，高校在对教师进行管理的过程中，激励机制是一项核心内容和重要的保障机制。从管理学的角度讲，激励是通过物质或精神上的给予，激发人的内在动机，在这种内驱力的作用下，鼓励人朝着期望的目标而努力。高校的教学评价体系是高校教师的行为导向。在教学评价体系中，需要向教师明确提出开展美育教育的重要性，使教师了解美育在其教学评价过程中的重要地位；同时，让教师了解开展美育的重要价值以及开展美育具有切实的可行性。从而，从制度上实现对教师开展美育的激励作用。但是，目前高校缺乏对美育的重视，并没有将美育纳入教师的教育教学评价体系之中，因而，从制度层面缺乏对教师开展美育的激励，教师对于开展美育不抱有期望，对于开展美育的价值估计极低，从而造成了高校教师开展美育的动力不足，这是造成高校美育缺失，高校美育效果不佳的重要因素之一。教学评价体系中美育激励机制的缺乏，既是造成教师个人对美育开展动力不足直接影响整个美育教师队伍建设进程的重要因素，同时也表现出高校对于美育建设的忽视，从而对美育教师队伍建设更是缺乏推进的举措和决心。

归结起来，教师队伍建设过程中所存在的问题，最关键的原因是缺乏领导牵头。高校管理层缺乏美育意识，在教师队伍建设方面缺乏重视，从而导致了美育教师队伍建设的机制不健全、举措不到位的情况。所以，要把美育教师队伍建设好，首先高校领导要足够重视，建立并运转高校美育教师队伍建设机制，整合全校资源，集教育教学的全部力量和教师的倾心投入，来建设校院两级"齐抓共管"的美育教师队伍建设的领导机制，建设以"激励评价体系"为依托的高校美育教师队伍建设的评估机制，以"教师美学修养提升"为前提的队伍建设机制。只有在各项美育机制的协调运转下，才能建设好高校美育教师队伍，为高校美育建设提供重要的人员保障。

（二）缺乏对教师进行系统的美育培训

"教育大计，教师为本。有好的教师，才有好的教育。"首先，教师要具备足够的专业知识积累，能够在教育学生的过程中"授之有物"，这是基础；其次，教师要具备高尚的道德品质和积极正确的世界观、人生观和价值观，能够在教育学生的过程中"授之有道"，这是保障；最后，教师要具备正确、有效的教育方法，能够在教育学生的过程中"授之有方"，这是枢纽。一种知识的讲授可以有几种讲授方法，可以采取多种教学模式，教师也要根据实践情况，选择最有吸引力、最简洁、最有效的方法。高校开展美育课程，在教育教学的过程中实现教育思想的全程融入、教学内容的完整呈现，就必须结合教师的美育设计思想，并且能够及时改造美育的内容、丰富创新美育的形式，将审美内容和审美形式相统一。这也是教师基于教学过程的一种审美创造。然而，目前高校缺乏美育意识，教师在这样的背景之下，一方面，自身缺乏美育意识，不能及时将这种美育思想融入自己的教学设计之中；另一方面，缺乏专职的美育教师，专业课教师没有美育方面的训练，学校也没有对专业课教师进行专门系统的培训，缺乏对整个教师队伍关于美育开展的建设，更没有进行专职美育教师队伍的建设，导致绝大多数教师缺乏美育方法。美育方法的欠缺直接造成美育教学过程开展受阻，导致审美内容与审美形式的统一存在困难，从而影响整个美育的过程和效果。

四、高校美育评价体系尚未完善

构建完善的高校美育评价体系是教育部对新时代普通高校美育工作的新要求，是现代教育智力的重要环节。截至目前，大部分高校的美育体系尚未完善，主要存在以下三个方面的普遍问题：

（一）高校美育评价体系的理论框架不统一

目前全国各高校紧跟教育部政策步伐，陆续出台了与美育工作相关的美育评价体系，大部分评价体系都是要求每个学生至少修满两个美育类学分即可，但是没有站在美育教育目的上对高校美育评价体系进行整体规划和设计，缺少统一的理论框架。如何将美育评价要素从"容易测量的能力"扩展到"难以测量的素养"，如何将美育评价标准深化成为"过程性""发展性"的测评标准，成为大部分高校美育工作者需要攻克的难题。

按教育学评价理论，初步设计出现代大学美育评价体系的构成要素和逻辑主线应该为：大学美育评价需求—美育评价总体思路和理论依据—评价主体与客体—美育评价目标—美育评价核心内容—评价指标—评价工具和模型—评价标准—评价方式—评价环境条件。大学美育评价的内容是美育过程和美育效果，包括过程性评价、终结性评价和发展性评价。评价环境条件则主要涉及评价政策、评价制度、评价资源等。推行大学美育评价的目的是让学校美育、学生的审美和人文素养，在对学生的成长和全面发展的评价里占一席之地。关于美育评价的主体，可以是学校教学质量管理单位、学校自身、上级教育主管部门、社会第三方机构。美育评价的客体，专指学生、教师和学校。学生评价主要考核学生审美素质的程度问题，教师评价观测的是美育教学的质量水平，学校评价反映的是学校美育的整体状况。为了高校美育教育的发展，美育评价体系应该在评价手段上不断创新，克服大数据分析法的可行性差、博弈论法易受干扰、多维度评价法区分度不高的突出问题，利用现在网络技术和美育实践等方式来破解当前高校美育评价工作的"痛点"和"难点"，站在大学生发展的角度，对其接受美育的能力进行动态评价，而不是简单的学分评价。

（二）高校美育评价体系的价值取向和建设主线不明确

美育课程作为高校课程的一部分，服务对象主要为在校大学生。新时代高校美育评价体系是以育人为价值导向的评价体系。体系建设要围绕立德树人的根本任务，以促进"五育"融合满足大学生素质发展需求为目标。必须遵守高校教育内在规律运用教学、美学、社会学和心理学等学科的基本理论和评价工具，从学生、教师、学校、政府、社会等不同维度，分析、界定新时代大学生美育评价的特殊内涵，确立美育评价体系建设的具体目标任务，重点在于遵循教学和课程管理理论原则，采用细化或量化的考评标准兜住评价要素的质量底线，运用学校内部的教育教学质量监控与管理手段，辅之以现代教育评估模型和测评量表。美育教育也是审美教育，以"美"感化人，培养人的审美素质，促进人的全面发展是美育的功能，对美育的实施情况测评分析，包括学生综合审美素养评价、任课老师审美素养评价、学校美学生态评价指标体系等。有了标准才有遵循，有了衡量才有依据，才能牢牢抓住提高美育质量这个"纲"，才能确保高校美育教育的发展方向符合新时代的要求。

（三）高校美育评价体系的建设重点不突出

新时代高校美育评价体系的构建必须遵循系统性、实用性、针对性和多元化原则，突出特征是标准多元、主题多元、内容多元、方式多元，其科学内涵、构成要素、评价标准和实施路径是理论研究和实际探索的重点。首先，新时代高校美育评价体系是一种发展性评价体系，其建设目标应遵循质量目标导向的教育评价原理，评价内容应与学校办学定位，以及人才培养的质量规格相符合能充分反映出美育所要达到的程度；导向美育多元评价体系建设模式，应具有完整、开放、多元、互动的特征；评价测试要既能反映出学生实际审美水平，也能区分不同审美层次水平的学生。其次，必须提供出一整套测量评价标准，应便于进行多维度的比较分析美育质量。美育评价客体的差异决定了评价尺度和考核方式也应该有所差异。可以利用多样化技术手段，对评价对象进行多维度、全过程、立体式的考察，采集的评价信息也更加多元，包含学生美育学习的过程性数据、阶段性总结数据和发展性数据，使评价结果更加合理，反映学生的真实成长。

五、校园文化活动美育功能难以发挥

校园文化活动是高校美育的重要载体和途径之一。目前，高校的校园文化方面存在的问题直接影响了高校美育的开展，主要表现为高校管理层引导的缺失造成校园文化美育功能缺位，美育与校园文化活动脱节，大学生审美意识和审美素养提升存在瓶颈。

（一）引导的缺失造成现有的校园文化活动美育功能的缺位

校园文化是一种宝贵的教育资源的客观存在，在高校教育中起着重要作用，校园文化作为一种精神文化在很大程度上影响着学校师生的价值观念、情感体验、人生信仰以及完整人格的形成与发展。因此，高校的校园文化在提高学生全面的综合素质、审美人格的形成、文化气质的培养、审美实践的实施等方面具有重要的促进功能，校园文化的这种促进功能决定了校园文化"与生俱来"地具有美育功能。然而，目前高校管理层对于校园文化活动引导缺失，造成了整个校园文化氛围缺位。校园文化活动是校园文化的体现，同时具有较强的美育功能。目前，学校现有的校园文化活动，如开展的足球赛、篮球赛、辩论赛等，其开展的初衷是提倡"友谊第一，比赛第二"，培养学生努力拼搏的精神，是培养学生坚强的意志品质和团结协作意识。然而，近些年高校的这些对抗性的比赛频频出现因比赛结果而打架斗殴，产生恶性伤害事件的情况。此外，在学校的运动会上，个别院系为取得好的名次，采取"请外援"的形式，来获得比赛的胜利。可以十分客观地讲，这些校园文化活动所具有的美育功能由于学校管理层在引导方面的缺失而日渐消失，最终真正缺位。相反，一些有益于美育功能直接发挥的校园文化活动的举办却为这些过多的"变质"的常规化活动所限制，活动形式创新较为困难。其实，高校完全可以开拓更多的校园文化活动，如评选最美教师、校园形象大使、雕刻比赛、手工制作比赛等，这些活动既可以充分发挥学生的审美想象力，同时也能够提升学生对于美的关注，提升审美意识。

因此，学校管理层应加强对高校校园文化活动的导向，将存在"偏轨"的现有校园文化活动扶上"正轨"，并积极鼓励有利于美育建设的活动全面开展起来，真正利用好校园文化活动这一有效的美育载体，充分发挥校园美育功能，促进学生的人格塑造和人性的自由发展。

（二）美育与校园文化活动脱节，大学生审美意识和审美素养提升存在瓶颈

校园文化活动是高校美育的一项重要载体和途径。校园文化活动是高校的第二课堂，具有重要的育人功能。目前，高校人才培养目标的趋"功利

化"，进一步加剧了高校美育的缺失，这不仅反映在第一课堂方面，表现为美育的课程开设少、覆盖面小，同时，在校园文化活动的第二课堂上，也存在美育思想没有融入校园文化活动之中，美育与校园文化活动脱节的问题。这直接造成高校美育一条重要的提升大学生审美意识的途径的缺失。在调查中，大学生普遍反映，希望通过加强各种校园文化活动和社会实践来加强高校美育。其实，对大学生开展美育，就是要把情感教育、美感教育、美学知识教育、审美观教育、审美能力教育等这些美育因素与审美主体（这里指学生）相结合，实现培育审美主体的目标。高校美育的缺失，造成学校本身缺乏培育学生审美意识与审美素养的目标，因而造成校园文化活动这种反映高校人才培养导向的教育载体和教育途径，也同样没有将美育的思想贯穿于整个校园文化活动的整体开展的思路之中，这是高校美育意识缺失背景下出现的问题。因而，高校的人才培养目标导向不变，高校的美育观不变，校园文化活动开展的目的就不会变，就很难向着培养学生审美意识、提高学生审美素养的方向倾斜，这也是目前大学生审美意识提升和审美素养培养所存在的现实困境和发展瓶颈。

第五章　高校美育教育的目标及内容

美育作为一门具有相对独立性的交叉学科，有其不同于智育、德育、体育的特殊性，因此，也就同时拥有独立的、系统的目标体系、内容体系、方法体系和载体体系。一套明确而系统的美育目标和内容体系，既是美育理论建构的需要，又是美育实践指导的需要，对于以美成人的美育全面、系统的实施具有重要作用。本章从美育的目标定位和内容选择两个方面进行系统梳理，力图构建符合大学生人格养成内在要求的美育目标及内容体系。

第一节　美育目标的一般构成

在任何一项教育中，教育目标是指对学生学习结果的预期与设想。教育目标既是教育出发点，也是教育的最终归宿。根据美国心理学家、教育学家布卢姆的教育目标分类理论，每一种教育思想都会产生一种潜在的教育目标，教育目标能够反映出教育过程中学生在认知、情感、思想、行为等方面的变化。在具体的教育实践中，通过对学生或受教育者的观察和测量，并将其所反映的特征加以分类总结，可以作为教学实施与教学评价的有效依据。通过教育目标的实施可以准确地实现其教育思想。以美成人的美育，作为高等教育的一个有机组成部分，也同样具有鲜明的目的性，需要有明确的目标定位来确保美育对于学生的教育质量和培养产生完美人格的根本指向。

美育作为教育的有机组成部分，从发展的历程上看，在我国有着悠久的历史，最早可以追溯到先秦时期。在美育发展过程中，美育目标在相当程度上体现着国家和教育者的需要，在很大范围内受到社会政治、经济、文化等多种因素的影响。民国时期，蔡元培等人倡导美育的发展，强调美育既要继承我国礼乐教化的传统，又要着重汲取西方近代教育的哲学思想，加以融会贯通。在新中国成立初期也曾沿用过蔡元培的美育思想。从20世纪80年代初开始，随着教育改革的不断深入，全面发展教育方针逐步确立，美育在人才培养中的重要作用越来越受到广泛重视，特别是中华美学学会第二届年会提出建立具有中国特色的美育学科后，美育进入了一个新的发展阶段，如何科学地构建美育目标也开始成为学界研究的重要课题。对于美育目标的构成及内涵，至今在学界并未形成统一的标准，我国美育理论研究者从不同层面进行了论述。曾繁仁从理论层面对美育的根本目标进行了论述，他认为美育是培养"生活的艺术家"，使广大人民特别是青少年一代以审美的态度对待自然、社会、他人和自身，做到"诗意地栖居"。杜卫认为"审美主要涉及人的生存的情感维度，因而美育的功能可以直接指向人的生存质量和人格素质的提高"。此外，在美育实践研究方面，赵伶俐从学校教育的本体出发，深入探讨了整个学校的美育和各教育阶段的美育目标体系、内容体系、教材体系，提出了高校美育的目标分类，从审美欣赏能力、审美表现能力、审美创造能力三个维度提出了12项具体的分类标准。张燕、顾建华等学者对大学美育课程的基本目标进行了专门探讨。张燕在《大学美育教学模式和教材体系研究》一文中认为，普通高校的美育的目标理应定位于："着力提升大学生的思想道德素质、文化素质和心理素质，引导大学生形成积极的人生观、科学的世界观和文明的道德观，成为一个有理想、有抱负、有事业心、有责任感、有创造思维、热爱生活、全面发展的人，一个有高尚情操、有健全人格的人，一个自尊并且尊重他人的人，一个富有爱心的人。培养和塑造人文精神，是大学美育的唯一目标。"

总的来看，美育作为一个学科的研究还处于初始阶段，当前学界对于美育目标的论述尚未形成一个统一的标准。但是，尽管学者对于美育的目标存在着不同的理解，尽管美育目标的内涵及名称纷繁复杂，但美育目标都与教育目标一样，是一个连续的整体，教育目标当中的教学目标、教育目标和远景目标三个层次在美育目标中也有着具体的体现，只不过美育目标有自身的独特性。美育目标实质上是根据社会对教育的根本需要，对受教育者个体在审美教育领域进行教育的预期效果和整体设想。一般意义来说，美育目标可以抽象为价值目标和终极目标两个层次。

一、价值目标

在美育目标体系当中，价值目标可以定义为人们进行某项活动的总目的。相比美育终极目标而言，价值目标显示出现实性特点，具有一定的可操作性，可以指导阶段性教育和具体的教育评价。这类目标主要在整个目标体系中起到承上启下的作用，它是终极目标的具体化（承上），同时也指导具体美育目标的制定（启下）。从某种程度上看，美育的价值目标更多体现为现实性的功利目标，是基于人的基本需求而进行的。如当前美育的一个基本的目标就是通过审美教育使得个人素质、技能得到提高，在生活和工作中占有更大的优势，因而这样的目标是以明显的成效来衡量的。如：通过美学专业课的学习，实现对美学知识体系进行系统掌握的价值目标；通过参加音乐、美术、舞蹈等艺术课程的学习，实现掌握一门艺术技能，或提高艺术鉴赏力的价值目标；通过到大自然或人文景观的游览，领略自然的雄伟壮丽和人类的巧夺天工，从而发出对自然的讴歌和对生命的礼赞。美育的价值目标从某种程度上，可以说是美育的现实性目标，是当下经过规划和实施，可以实现的美育境界。

二、终极目标

相比价值目标而言，终极目标实际上是最高目标，审美教育的终极目标就是要建构精神人格完整的人。正如马克思所说："创造着具有人的本质的这种全部丰富性的人，创造着具有丰富的、全面而深刻的感觉的人。"可以说，美育的终极目标始终是对人的生存意义的关注，是以人的自由和全面发展为终极目的。改革开放以来，人们的物质生活和经济条件产生了翻天覆地的变化，这不能不说是科学技术和工具理性给我们带来的有利之处。但同时我们也看到，在各种社会思潮的冲击下，当代大学生在某些方面表现出的人文精神缺失，部分青年学生的身上出现了席勒所指出的"单面人"的状况，人的情感、感性能力诸多方面都遭遇了限制甚至是退化。如今的高校在人才培养上更重视知识和技能的传授，而忽视了人格的培养。正如席勒所指出的，"死的字母代替了活的知性，而且训练有素的记忆力比天才和感受更为可靠地在进行指导"。审美具有批判现代性和对抗工具理性的特征，以美成人的美育使人具有超越性，达到审美境界。人的根本属性是社会性，个体自身不断地完善人格，在某种程度上也会推动国家制度的完善和社会的进步，因此，人自身的和谐对一系列社会问题具有积极的意义。对于美育来说，需要我们不断地深入分析其终极目标，从人格的发展和完善来把握美育的发展，用审美和艺术的方式，把个体引入到和谐、纵容、超越一切物质束缚的境界中，在感性与理性之中找到平衡，使个体内心达到一种安详、融洽的状态，这也是美育目标的根本指向。

第二节 现代高校美育目标

一、高校美育目标

实施以美成人的高校美育，实际上指出了当前高校美育目标的基本定位，即始终针对纯粹的唯理性主义和物质主义的突破，始终坚持促进人的全面发展和美好生存。与此同时，完善人格的培养从另一方面提出了高校美育的总体目标，即始终围绕大学生人格养成、大学生人格完善而进行美育目标的选择设计，这是新时期确定美育目标的主要依据。针对新时期大学生时代人格所体现的具有人文关怀、积极乐观、独立和谐、开朗热情、创新洒脱等特质，高校美育目标应由以下三个维度的子目标建构而成。

目标一，提升学生的审美需要层次。旨在强调审美教育要关注学生的生活和审美认知的内在动机。学生的审美心理是自主性建构的，而不是通过"灌输"形成的，如果在审美教育中忽视学生的自主性，没有充分重视学生的审美意识的自由发展，提升学生的内在审美需要，学生的内在审美人格不可能建立起来。

目标二，培养学生全面的审美情感和审美判断，协调学生人格中感性、理性等要素共同发展，并形成有机的联系，旨在强调审美教育在协调学生人格发展中的现实作用。既然审美教育不是通过"灌输"来影响人格的完善，那么发展学生的审美情感和审美选择就应该是一项基本的目标设定。

目标三，引导学生形成稳定化、普遍化的理想人格结构，逐步促使适应当前社会发展的时代人格品质的形成与确立。这既是审美需要层次提升的结果，也是审美判断和审美情感处于高级阶段的确证。

二、高校美育目标的具体实施

教育学认为，任何一种教育目标的设计和实施都有一定的原则和要求。笔者认为，美育目标在具体实施过程中，仍需要遵循学生审美的一般认识规律和接受规律，从学生的审美心理出发，循序渐进地进行审美教育。具体来说，在审美教育过程中要从以下几个方面着手：

（一）培养大学生的审美感受力、判断力和创造力

逻辑思维、形象思维和直觉思维是人类最基本的三种思维方式，形象思维与逻辑思维直接关系着人们在实践中的创造性发挥。由于美育带有鲜明的形象性、愉悦性、情感性等特点，它就能够充分促进大学生个体的直觉以及形象思维能力的发展，进而提升个人的综合素质。尽管美育目标最低的层次是满足人的功利需求，但在实践中也需要通过对审美对象的外在感性形式进行直觉感悟和审美评价，逐渐激发个体的直觉和感性思维，不断培育个体的想象力和创造力。在长期实践中，要不断引导大学生感知美、欣赏美，在体验美的过程中形成发散思维和对美的判断力，促使自身的创造力得到潜移默化的提升。一本好书塑造的感人形象，可以唤起大学生们内心的激情；一部好电影的境界，可以引起大学生们对美好生活的无限向往与渴望；一个精彩的画展，可以激发大学生们无限的想象力和创造力。美育在各种美育形式的实施中春风化雨般地影响和改变着大学生的审美能力。

（二）培养大学生的审美意识和审美价值追求，使其超越"功利"

在培养审美能力以及关注审美素养提升的同时，审美教育活动的目标还应实现对功利生活的精神超越，促使审美教育脱离一般的功利价值目标体系，能够暂时放弃实用性的考虑，形成一种超越功利的审美意识和价值追求。自有人类历史以来，亘古称颂的从来不是富甲一方的官员和商人，而是给人类留下宝贵精神财富的思想家、哲学家、科学家们。实施审美教育，就是要使大学生们在"撕碎的美"或"含泪的笑"中得到情感的升华和心灵的净化，进而引发他们对于生命意义和价值的深层次思考，让他们在不同于物质功利标准的新的价值标准中去生存，去体验更加永恒的生命价值。

（三）培养大学生追求理想人格的自觉，使其实现审美人格的精神建构

人的心灵世界本身就是一个感性的、意义丰富的世界，审美人格的精神建构需要在个体主动地参与和创造过程中得以实现，是人的内在精神的一种积极的探寻和建构的过程。自我"全面而自由"的发展，是人类遥远的梦想和渴望，是理想人格境界。审美教育目标在这一方面要不断提供契机、情境和氛围，以美的旋律和震撼，拨动学生的"心弦"，激发他们内心深处对美的渴求，对美的想象力和创造力。促使学生在个体的成长和建构中，把对理想人格的追求，当作自觉的愿望和行动，积累和养成个体的人文关怀精神，以及独立和谐、开朗乐观、创新洒脱的内在品质，并不断使其得以发展和提高，推动自我的人格建构不断走向丰满和成熟。

第三节　高校美育内容和美育功能

随着我国高等教育的深化改革，学校为受教育者提供了更自由的学术空间和更开放的学习氛围。学生选择学习内容的时间和空间的自主性和自由度明显加强。加之现代信息化社会的迅速发展，在大众文化的冲击下，学生会

自觉地从各种渠道摄取有关美育的信息。而作为以美成人的审美教育的发展，亟须在审美教育目标的指引下，不断丰富发展教育内容，从而满足大学生日益发展的审美需求。

一、美育内容的基本类型

在加强高校素质教育的整体形势下，美育对于培养大学生综合素质的重要作用日益得到人们的关注，美育的教育内容也得到了丰富和发展。越来越多的审美教育者开始不断探索符合理想人格要求、适应时代需要的新的美育内容，并且注重美育在高等教育中的理论研究和实践创新，这些对促进美育的不断发展都起到了重要作用。当前美育教育主要分为以下几个方面：

（一）按照教育范围分类

一般可包括家庭美育、社会美育和学校美育三个方面。其中家庭是人生的起点，也是美育的起点。家庭审美教育给予人的影响是基础性和不可替代的。之所以如此，是因为家庭美育是建立在以血缘和亲情关系为纽带的家庭日常生活基础之上的；家庭日常生活的内容极为丰富、广泛、具体，并处处注入感情的因素，对家庭成员尤其是孩子施加着全面入微的深刻影响。家庭美育的主要对象是孩子，父母则是家庭美育的天然教师。应该把家庭日常生活看作一种教育，从这里找到家庭美育实施的途径。社会是一个广阔的空间，为审美教育提供丰富的素材。社会美育的领域极为广泛：影剧院的演出，电视、广播中的节目，音乐厅、展览馆、博物馆、文化宫、俱乐部、体育场、游泳池、图书馆等，以及生活环境的美化，风景游览区的开发，名胜古迹的整修，还有商店橱窗的布置，路边广告的设计，这些都可以作为社会美育的工具和场所，成为社会美育的组成部分。海涅说："在世间一切创造物中间没有比人的心灵更美、更好的东西了。"人的内在世界的美，精神世界的美，即人的心灵美是最具重要意义的美，最富于光彩的美，是社会美的核心，是人类美的精髓。学校美育是对大学生进行人格养成教育的有效途径。基于学校本身"教书育人"的基本功能，在大学校园中通过实施美育来促进大学生理想人格养成和思想素质提升均有着相对便利的环境条件。

（二）按照性质分类

按照美育内容性质不同可以划分为：自然美育、艺术美育、人生美育三个大类。自然美是最原始也是最贴近人类生活的美，它就蕴藏在大自然之中。自然不仅为人类的生存发展提供基本的物质基础和环境，同时也是丰富人的精神生活使人获得美感的基本源泉。自从人类开始用审美的眼光来看待世界，大自然就成了人类的审美对象。只要我们身处于大自然当中，就能够陶冶于大自然的美，就可以感受大自然的教育。而想要进一步欣赏自然美，真正实现自然美育，就必须要了解自然美，提高对自然美的欣赏能力，培养学生热爱自然之情。艺术是艺术家借助一定的手段方式对现实生活的典型性概括反映，是艺术家创造性的劳动成果。艺术美来源于现实美，又高于现实美。艺术美育是现实美的凝练和集中，它包括音乐艺术美、美术艺术美、影视艺术美、文学艺术美和环境艺术美等。人生美育也是审美教育的重要组成部分，人有心灵美、形体美，有属于人与人之间的语言美、服饰美，有属于群体活动的环境美、人情美。人生美是指社会事物、社会现象、社会生活的美，它是"美的最直接的存在形式""是现实生活美的最主要、最集中、最核心的一部分"。人生美育主要是由人的思想、意识、情感以及它们在人和自然的相互关系中的体现而组成的。

二、构建高校美育内容的基本思路

尽管多年来人们对美育的教育内容构建工作付出了很多努力，取得了相当的成绩，也总结了不少的经验，但是，当前美育内容在高校教育体系当中仍处在一个有待于发展的时期，不仅在实践中还存在一些亟待解决的问题，在理论上也需要随着时代和高等教育的发展不断完善与创新。因此，新时期构建以美成人的美育教育内容不可能一蹴而就，需要根据教育目标的指引，选择、确立、设计教育内容并将其有机地结合起来，形成具有科学性、系统性的教育内容体系。探讨美育内容整体构建的依据和规律，可以为内容的构建提供科学的指导。因此，构建以美成人的美育内容，要遵循以下几个方面的基本规律：

（一）尊重学生成长的规律

青年大学生群体处在已经成年但又未在真正意义上走上社会的人生关键阶段，其身心发展特征、规律与中小学生和社会成年人截然不同，因此，在设计审美教育的内容时应该尊重这一成长规律。一方面，要在对青年大学生人格形成和发展规律研究的基础上，从人的认知、情感、意志和行为四个层面入手，有针对性地选择和设计教育内容，以达到科学地、循序渐进地培育审美价值观的教育目的。另一方面，在设计教育内容时，要注重教育内容既要符合当代青年大学生自主性较强、个性张扬、思想求异等身心特点，同时又要符合大学生在思想、心理、行为等方面的成长规律。

（二）尊重审美教育的规律

在审美教育过程中，教育目标的实现可以凭借自然美、社会美和艺术美等多种途径，而最基本的审美教育活动，一般主要通过审美接受与审美创造来实现其审美教育目标。因此，在设计教育内容时，要尊重审美教育的规律，教育内容要与审美接受的内在规律性相吻合，也就是要贴近大学生的审美需要，从而使受教育者（大学生）产生对于教育内容的认可，激发其内在的审美需求，形成对于审美的正确理解和强烈的审美意愿。审美创造是受教育者根据一定的审美理想，按照美的规律，运用不同的物质手段，自觉进行的审美实践活动。审美理想与社会现实的差异是审美创造的动力。审美教育要使受教育者认识审美理想的丰满，反思社会现实的不足，唤醒受教育者的创造欲望，帮助受教育者实现审美过程的形象性和情感性的内在统一，并赋予其情感以内在理性，从而使受教育者的审美创造实现从无意识到有意识，由自发到自觉的演变过程，收到水到渠成的教育功效。

（三）尊重时代发展的规律

我们处在这样一个时代——与不远的过去相比，大学生的思想、心理和行为以及他们所处的学校、家庭与社会环境都已经发生了变化，并且正在发生着巨变。改革开放40多年，随着中国经济体制改革和经济的快速发展，人们的思想观念和生活方式也处在一种快速多样的变化中。审美教育的内容能否做到尊重时代发展的规律不断改革创新、与时俱进，这直接决定着教育的效果。构建新时期以美成人的美育内容要尊重时代发展的规律，这包括两层含义：一是要结合时代发展的需要创新教育内容，如加入传统文化审美教育、审美实践教育等；二是要赋予审美认知教育等传统内容以新的时代内涵。尊重时代发展的规律，就是要顺应时代发展，美育要随着时代的变迁与时俱进，在内容上要不断丰富和创新，使之成为当代青年大学生所喜闻乐见的内容，更愿意去接受、更乐于去接受、更有兴趣去接受，让美育内容的创新成为美育发展过程中的关键一环，这也是既符合美育内容发展的内在规律，同时也符合美育内容发展的时代要求。

三、高校美育的教育内容

本书所构建的审美教育内容是以大学生人格养成为根本出发点和落脚点，从人的审美心理结构的基本规律出发，着重加强审美认知教育、审美理想教育和审美实践教育等方面的内容设计和实施。

（一）审美认知教育

理解审美认知教育的基本含义首先要弄清以下几个基本的概念。第一，认知是心理学家描述人的认识能力的概念，既包含了一种动态性的加工过程（认识），也包含了一种静态性的内容结构（知识）。对于认知的理解学者之间还存在一些差异。陈菊先认为，"认知（知识）的发展，说到底是结构的发展，是结构的不断扩展和螺旋上升的建构"。张春兴认为，从静态的角度看，认知即"知识"或"信念"。认知包括从低级的感知过程到复杂的言语及问题解决过程，它是个体知识经验积累的前提，"个体在认知活动过程中获得的各种认知结构或图式，既成为其知识经验的一部分，同时也是人格及其他个体差异发展的基础"。第二，审美一词来源于古希腊，原意为感性。对于审美的内涵，学术界也存在一些分歧，李泽厚认为，审美是"人性总结构中有关人性情感的某种子结构"。周燕认为，"审美是一种与现实的非功利关系，使人在感性直观中享受精神上的愉悦和快感"。但是最后都可以归结到审美是一种情感活动，同样审美是一种认知活动。审美认知是指在已有的审美认知图式下对审美情境中与审美主体产生审美关系的客体的欣赏和认知，包括感知、判断、推测和评价在内的审美心理活动，而不仅仅局限或等同于其中的某一过程。

综上所述，审美认知教育实际上是对审美活动中的认知过程和接受过程的教育实施，是对美的信息进行输入、编码、转化、储存、提取运用等的审美信息加工活动。从审美心理学的角度来看，审美认知教育是促使受教育者形成一个审美心理认知结构。这一结构是审美个体在审美活动中形成的，并对未来的审美活动起着支配作用。在审美教育活动中，主要包括对审美理论知识的把握了解，对审美信息的加工和处理，以及审美活动心理机制的控制与把握。审美认知教育是个体进行审美活动的重要环节，是获得和运用加工审美信息的内部心理活动，对于形成正确的审美感受和审美意识具有重要作用。因此在具体的教育过程中，笔者认为在原有的审美教育活动的前提下，应注重以下几个方面内容的设计实施：

第一，要注重系列性、层次性的审美基础知识教育。当前，在高校开展审美教育的过程中，学校开设的审美教育课程及活动主要集中于艺术教育环节，并且大多数的教育内容集中于专业类的审美技能的提升和发展，在很大程度上，并没有摆脱以智育为衡量标准的基本思路。一般情况下，高校以审美为主要内容的课程主要分为以艺术专业为基准的必修课程以及以非艺术专业为基准的选修课程。而实际上，审美教育内容应与艺术教育、美学教育有所区别。审美教育不仅仅侧重美学基本理论的灌输与讲解，而且要将美学的原理与日常的审美鉴赏有机结合起来，构成多种类型、多种层次的系列内容，进而普及审美教育的基本理论、促进审美素养的提升。首先，通过知识的讲授，使学生先理解何为美，何为审美以及为什么要审美，怎样审美等一系列基本问题，为日常的审美鉴赏提供指导；其次，进行审美的生活性感知。通过进行具体的艺术欣赏、各种艺术门类的接触了解，以及在日常生活中的审美批判，综合性了解绘画、雕塑、影视、戏剧、建筑、音乐、舞蹈、戏剧等不同艺术的审美特质；最后，将审美教育渗透到各门类科学的教育活动之中，并充分提升自然美、社会美、科学美等审美对象的教育内容，最后将教育内容统一到人格的审美之中。

第二，注重对于悲剧与喜剧、丑与荒诞等审美形式的辨明。在进入后现代主义时期，传统的悲剧、喜剧中"崇高"和"优美"的审美倾向，在大众文化的冲击下已经不再是大学生仅有的美学视野。在日常的审美认知教育中，对于悲剧与喜剧、荒诞与丑等审美形式的辨明，也应当是教育内容的一个重要环节。这些样式的审美形态以各自不同的样式，从多维的角度刺激审美对象——大学生的感觉和情感，从而对他们产生作用，影响他们的人格发展。悲剧有不幸，有死亡，但它的更本质的东西却是崇高性、壮丽性、英雄性。那种英勇不屈的品格，激烈悲壮的境遇使人们的崇敬之情油然而生，激发起努力向上的意识。在崇高与悲剧精神感召下，胸襟开阔，摆脱低级、庸俗的趣味，使生存质量不断得以改善。

喜剧相对悲剧给人以不同的审美体验，它往往带给人的是轻松感、愉悦感。喜剧先制造一种紧张，又使之在不付出主体代价的前提下得到解除。先惊后喜，由知觉想象到理解顿悟，感情的运动迅速敏锐，其间没有心灵的痛苦。在喜剧氛围中，压力被缓解，情绪得到放松，心理达到缓和，精神得以休息。对于常处于紧张心境的人来说，这是一种极好的心理补偿。喜剧欣赏要求清醒理智的审美观照，机敏地发现其不协调的喜剧性，顿悟其喜剧意义，反思人类社会及人类自身的丑恶、缺陷和弱点，发现其反常、不协调等可笑之处，从而锻炼、提高欣赏者的机智敏锐的审美判断能力，实现对自我与现实的超越。喜剧教育更利于培养人们幽默的审美心理、达观的人生态度。喜剧艺术的幽默性给人以深刻的影响。具有幽默态度的人乐观豁达，包容万象，以微笑面对生活。幽默的乐观精神使人会对某些令人尴尬的境遇、失误付之一笑，会在生活的波折面前泰然处之，可以清醒坦然地面对当下的矛盾与不足。

丑本来包容于原始人的宗教活动，表现的内容是对于神秘世界的恐惧，产生的基础是主体尚处于蒙昧状态，自我意识没有充分觉醒。丑"看起来不顺眼，违反我们对秩序与和谐的爱好"，因此"会引起厌恶"。荒诞是指在人的实践活动中，由于认识上的高度的局限性而导致人的行动的盲目，本质的扭曲和异化，丧失一切价值的非理性和异化的审美形态。现代派戏剧《等待戈多》就是这样一个兼容丑和荒诞的戏剧，剧中唯一的主人公戈多滑稽可笑的徒劳等待，显现着人们悲惨无奈的生存处境。既令人啼笑皆非，又发人深省。这里有同情、有嘲讽、有感叹。使人在对主人公命运的"哀其不幸，怒其不争"中，不由自主地联想到自身的处境，进而寻求改变现实的出路。荒诞感的笑不是开心的笑、乐观的笑、有希望的笑，而是无可奈何的笑、不置可否的笑、苦不堪言的笑。

丑和荒诞往往更加具有深刻的意味，"一旦放弃了通常的与和谐的，而且一旦形成的不平常的选择强烈吸引我们的注意时，我们便能领会到，那激发美感的东西表现了藏在内部的有价值的精神生活。一般说来，丑如果突然出现，就会含义深长"。荒诞艺术促使人们从麻木、平庸的生活中猛然醒悟，深刻意识到生存环境的荒诞。它以非人化的人物形象表现人的尊严、价值的丧失，成就了"作为人而成为人"的价值的要求。从对丑与荒诞的感受中生发出摆脱丑与荒诞的愿望，在抑丑扬美的审美理想指导下投身于审美创造实践之中，用自己的行动去建造美好的世界。

第三，加强对于民族传统文化的审美引导。按照荣格的集体无意识理论，不同民族、不同国家有着不同的文化心理，亦即不同的人格特质。中华民族有着五千年的历史，其优秀的传统文化，博大精深、源远流长，极具社会美和人情美的代表性元素。人类历史上曾有过四大古文明：两河流域文明、埃及文明、印度文明、中华文明。其他文明都曾经中断过，有的文明几近消失，唯有中华文明从没有中断。这说明中华民族的传统文化极富合理性，有着深厚的底蕴和强大的生命力。她塑造了中华民族的国民性，历练了中华儿女的民族魂。中国优秀的传统文化是中华民族屹立于世界民族之林的基石，是中华民族劳动人民道德智慧的结晶，是中华民族的巨大财富和不竭精神动力，是无数中华儿女坚强的信念支柱。鲁迅曾指出，越是民族的就越是世界的。可见，没有深厚民族文化底蕴的东西是不会具有独特的个性并且得到世界文化的认可的。

人格养成的先在性与历史继承性要求审美教育应该具有优秀民族文化元素。可以说，只有具备了鲜明的民族意识的审美教育才是真正意义的审美教育，继承了优秀传统文化因素的审美教育才更具有审美价值。有学者曾将中华民族传统总结为八大精神，分别是："讲道德重教化的德为先精神；为民族重整体的国为本精神；行仁政重正民的民为重精神；尚志向重气节的人格精神；讲和谐重合群的和为贵精神；观其行重自律的修身精神；讲诚实守信用的诚信精神；尚礼让讲勤俭的节俭精神。"可见，中华民族优秀传统文化是值得珍视的思想精神财富，肯定中国传统文化的教育价值，弘扬优秀文化传统，是大学生理想人格教育的重要内容。

（二）审美情感教育

审美情感从概念上讲是指审美主体对于美的各种意识形式的情感表现和内在心理表现，审美情感教育包括审美关爱教育、审美理想教育和审美修养教育等。在审美活动中，审美情感产生于主体的审美实践中，而又引导、规范着主体的审美实践活动。在以美成人的审美教育活动中，应注重以下几方面的教育内容：

第一，审美关爱教育。一般来说，人的基本需要大致分为物质需要和精神需要。在审美活动中，审美情感是在审美活动中，自觉获得的内在心理感受，审美关爱教育与一般的审美认知教育不同，它并不与实用功利的目的直接联系在一起，它注重的是人格本身与审美情感的内在契合。在审美关爱教育当中，最为重要的是教会当代大学生学会关爱、学会真诚，建构人格中中国传统文化所特有的"仁"的特质。

长期以来，由于各种社会思潮的影响，以及高等教育改革中产生的一些矛盾尚未解决，当代大学生人格发展过程中，实用性和功利性的追求得到了部分学生的价值认可。而在我们现行的教育内容当中，对于关爱、真诚的教育往往被忽略。当前不少青年学生由于是独生子女，过多地以自我为中心，过多地关注自我得失，忽视他人的情感，在人际交往方面产生了不少困惑与问题。而归结这一问题产生的原因，缺少审美情感的教育是一个重要的方面。由于家庭、学校缺乏对于学生关爱、真诚的教育影响，学生在日常行为当中缺少对于审美情感的关注，没有形成对于关爱、真诚等重要审美情感的重视。从一些高校的审美教育来看，培养青年大学生的审美情感并不难，关键在于高校美育的发展和建设。当前不少高校倡导和组织志愿服务活动，如定期开展敬老助残活动、社区服务活动、爱心募捐活动等，这既是一种有效的德育手段，也是培养当代大学生审美情感的重要方式。当然，除此之外，学校还可以通过美育课堂的教育、校园文化环境的熏陶、校园文化活动的引导，帮助大学生形成健康的人格。因此，在大学生的人格养成教育中，以审美情感的熏陶和培育为目的，通过开展丰富多彩的关爱教育活动，使他们学会对他人的体恤和关爱，在家庭关爱自己的亲人，在学校与人真诚相处，尊敬老师、帮助同学、关心集体，形成高尚的道德品质、良好的行为习惯和主动的团队合作意识。长此以往，学生能够自觉形成积极的情感体验，具备关爱的意识，懂得关爱身边的人和事，这对于完善大学生自我人格品质具有重要意义。

第二，审美理想教育。审美理想是审美意识中居于最高层次的审美范畴。在艺术活动中，审美理想得到了最充分、最集中地体现。它是在审美经验的基础上产生的，并且是这种经验的高度概括。审美理想产生于社会实践中，人的全部社会活动，从一定意义上说，就是不断地认识现实、产生理想，并实现理想的过程。人的审美理想就产生于这个过程中。作为审美经验的凝结与升华，审美理想与一般的社会理想、观念又有所不同，而且是有经验性的形象特征，非逻辑概念所能涵盖或替代。但是，要充分表现审美理想，使审美理想"物质化"，变成任何其他人都可以接受的东西，那就只有借助于透视审美理想的"棱镜"来反映现实的艺术才能做到。

审美理想在人的认知活动中发挥着极为重要的导引与推动作用。对美的坚信与追寻是许多重大科学发明的基本动力。比如，哥白尼提出的令世人震惊的"日心说"，在一定程度上就是源于对科学美的追求。尤其是受毕达哥拉斯派提出的圆（球体）是最美的图形、宇宙是球体等美学思想的影响，这种影响的有力解读者是伟大的科学家爱因斯坦，他曾明确指出，在他从事科学活动时："所有这些努力所依据的是，相信存在应该有一个完全和谐的结构。今天我们比以往任何时候都更没有理由容许我们自己被迫放弃这个奇妙的信念。"审美理想并不是表现出来的逻辑形态，而是深藏于审美主体内心之中的审美经验和艺术直觉。康德认为，审美理想是审美主体的先验条件，为审美活动提供标准和条件，是审美活动发生的重要前提条件，是审美活动的基础和前提。因此，审美理想也就会对认识活动产生重要的影响，因为审美认知是以审美理想为恒定的认知标准和尺度。因此树立正确积极向上的审美理想，对于当代大学生人格养成有着极其重要的作用，它使认知活动指向理想人格，以理想人格提供的标准和条件为前提来建构大学生的人格。

第三，审美修养教育。"修养"一般指个体的自我锻炼、自我培养，以及在此基础上形成的各种能力和品质。审美修养教育则是在审美教育中有意识地促进受教育者审美心理结构的自我完善和发展。也就是实现审美他育到审美自育的转变。从这个意义上讲，审美修养教育是审美教育的一个极为重要的目标。在我国，审美修养教育有着深厚的文化基础和现实意义。我国古代很多美学思想家从不同方面阐述了以审美教育的理念作导引，来构建个人多方面修养的重要作用。比如，孔子曾提出"修己以教人""修己以安人""修己以安百姓""文质彬彬，然后君子"等重要思想，把内在修养与外在举止地统一作为理想的人格的基本特征。又如蔡元培先生的"以美育代宗教"思想，高尔基提出的"美学是未来的伦理学"等，都是对审美修养教育的强调。

在审美情感教育过程中，要引导学生注重自己的自我形象修养、内在气质修养，帮助学生慢慢认同正确的审美修养标准，并自觉地以这一标准来要求自己，逐渐具有人格的审美影响力。作为审美修养来说，这一教育与德育的区别在于，它不是依靠强制的手段和反复的灌输来为学生树立某种标准，而是尊重学生每个人的个性特征，注重强调氛围的熏陶和影响，引导学生对于自我修养的主动性，以美的标准来促使学生从内心深处主动提升个人的修养，并使自身的改变不断地通过气质魅力散发出来，从而得到大家的充分尊重。

终极意义的审美情感教育，应该是帮助人们达到一种和谐的状态，是促使人不断积极追求，最后体现人找回人的本性的过程。

（三）审美实践教育

审美实践教育可以有效地促进感性发展，实现审美情感教育，从而促进完整人格的形成。感性既指向艺术，又指向现实，美育以感性为起点，实现价值生成。"在当代社会，人愈来愈生活在数字与图像的包围中，审美感官的迟钝及感知对象的非真实性，成为影响人全面发展的重大问题。作为感性教育的审美教育，其首要的任务就是培养人对外部世界的感知能力，即整个身体与对象世界的相融。这种教育目标虽然看似低级，但对人的全面发展却是奠基性的。"感性发展包含两个层次，既包括感性要求的满足与解放，又包括感性的提升与塑造。审美实践教育一般也包括审美体验和审美创造等环节。审美实践教育一般由主体的审美体验和审美创造等环节组成。审美实践是通过人的自主性实践，逐渐体会人的自由自觉对美的创造，并将美的内涵最集中、最直接地体现出来。审美实践教育是功利与超越功利的统一与结合，它既内含于美的无功利性，又指向人格养成这一功利性目标。

社会美是审美实践的重要环节。一般来说，"人的生命首先是一种自然生命力，生命的存在与运动使人具有自然的需要和欲望"。

然而，在人类漫长的进化过程中，人的感性生命在社会实践中不断受到理性的规范，并逐步积淀社会文化的内容，这使人的感性生命有了新的内涵。可以说真正的人的感性能力应该是作为社会人的感性能力，即渗透着认知力、理解力、判断力等理性要素的感性能力。

美育是以审美形式解放人的感性因素，并使之得到适当释放和文化提升的过程，从而达到激发深层心理活动中的非理性因素的目的，使之保持旺盛的活力。在美育实践中要注意到感性发展的这两个层次，既要满足学生基本的感性需要，在此基础上又要使学生的感性能力得到提升。感性需要的满足是提升学生感性能力的基础，感性能力的提升又会进一步使学生获得更高层次的感性满足，这两方面是互相渗透、互相促进的。目前的美育实践偏重于知识技能教学，忽视学生的审美需要、兴趣和个性，学生的感性需要无法得到满足，因而也就很难提高学生的感性能力。既然学生的需要无法在学校美育中得到满足，学生自然会把注意力投向校外，更多地受到大众美育的影响。因为学生缺乏感性能力，难以抵抗大众美育的一些消极因素的影响，从而会逐渐沉溺于感性世界，过度强调个人主观情感的宣泄，追求单纯的感官刺激，从而失去了原本对自然、艺术和人生的理性思考与把握。

美育实践以发展学生的感性能力为首任。因此，在教育过程中既要尊重和发展学生的个性，又要以直观的审美形式为依托。这是因为，感性寓于个性之中，没有个性也就没有了感性，而富于意蕴的直观形式能够给人的感性因素提供自由表现的机会，事实上也就赋予感性以充分发展的权利和条件。所以笔者认为美育实践中促进感性发展要做到以下三个方面：

首先，尊重和培养个性。不脱离感性，也就是不脱离现实生活和历史具体的个体，这一点在美育中非常重要。因为感性见于个性之中，尊重感性就意味着尊重学生的个性，发展学生的个性，这是美育作为感性教育的最基本、最关键的宗旨。一般而言，严格意义上尊重个性、建构个性并强化个性的本体意义的教育，当首推审美教育。德育，尽管也提倡个性化的教育，但是任何一个严谨的教育学者都得承认，德育，在本体性上是建立某种普遍的道德伦理规范，在德育中的"个性"只具有方法论意义。在智育中，个体对这个世界的各种好奇探究的眼光从根本上受到某种尊重和保护，但是不管他们以何种个性化的方式来把握这个世界，最终这些体验都必须靠拢、贴近、化归于某一真理性知识。审美作为感性的活动不仅在审美对象方面要求是个别的、具体而生动的存在，在审美主体方面也是极力推崇个性的眼光、个性的感受、个性的体验与个性的直觉与洞察。审美不仅期待着个性，而且造就个性、生成个性，没有个性也就没有审美，也就没有审美教育。

其次，尊重学生感性需要，完善学生感性机能。人的感性机能主要包括感觉、知觉、情感、想象等，它们在审美、艺术活动中发挥着重要作用。它既包括感官层面的机能，也包括情感体验层面的机能。这种感性机能以情感为核心，但又不止于情感。这是因为感性是一个贯通了肉体和精神的个体性概念，它包含生理和心理两个层面。感性教育固然以心理机能的完善为核心，但是生理机能的完善也不容忽视。人的一切活动都要以一定的生理机能为基础，在审美、艺术活动中也是如此。因此，在人的审美和艺术活动中，要重视学生的感性需要，关注作为感性活动基础的生理机能，对个体的人格、人性做整体性观照。

最后，运用直观的审美创造影响学生的观念意识，形成良好的审美趣味和审美观念。感性教育以把握对象内蕴为归宿，而不是以逻辑结论为主旨，这是一种生机勃勃地面对对象的领悟力。然而，在智育统领一切的教育传统下，人们往往习惯了以概念、推理等形式来认识世界，容易忽略通过实践、体验等直观形式来把握世界。其实直观形式得到的观念意识，往往比概念形式中的观念意识更丰富，而且能对人的心灵产生更加深入细致的影响。尤其是在人们几乎单一地以理性来认识世界的情况下，我们更需要发展人类的感性，更需要发挥直观的作用。正是从这个意义上而言，我们说美育是一种感性教育。

第六章　大学生审美能力培养

世界上许多美的事物，不仅与其美的内容有关，而且也与其美的形式有关。有的事物内容美，形式也美；有的事物虽然内容美，但形式却稍有逊色；有的事物内容并不怎么美，但却具有美的形式。正确认识形式美，对于提高我们大学生的审美水平有着重要的现实意义，也是培养大学生审美能力的重要途径。

第一节　形式美的内涵、特性及组合规律

一个审美对象之所以能吸引人、感动人，引起人们强烈的美感，首先是由于这个审美对象的外部表现形态激起人们感官的注意，进而诱发人们去欣赏它，追求它所显示的内在精神美。为了更好地欣赏美、感受美、创造美，就不能不对形式美的审美特性及其组合规律做一些研究。

一、形式美的内涵

形式美包括两方面的含义：一是具体的形式美；二是抽象的形式美。具体的形式美是指美的事物的外在形式所具有的相对独立的审美特性；抽象的形式美是指某些既不直接显示出具体内容，又具有一定审美特征的美。通常，具体的形式美，是指构成事物的物质材料的自然属性以及它们的组合规律所呈现出来的审美特性。所谓抽象的形式美，就是美的内容的存在形式，通俗地说，就是美的事物所具有的色彩、形状、线条、声音等因素有规律的

组合形式。

形式美体现在一个具体事物的外形时，它的审美特性也必然随着时间、地点、场合的变化而变化。例如，在严寒的北国穿一件裘皮大衣，就显得庄重大方，不失为美。但如果在盛夏的江南穿一件裘皮大衣，不但不美，而且令人怀疑是精神出了问题。名人字画挂在客厅里显得很高雅，若挂在仓库里就显得很怪异。抽象的形式美与具体的形式美不是同一个概念，二者既有联系，又有区别。如果把抽象的形式美看作是共性，那么，具体的形式美就是个性。没有个性，就无所谓共性，共性寓于个性之中。因此，在讨论形式美时，既要考虑它的相对独立性，又不能与具体美的形式完全割裂，否则，容易犯形式主义的错误。

二、形式美的审美特性

人的眼睛和耳朵是两种主要的审美器官。色彩、形状、声音等是客观美的事物的自然属性，这种自然属性具有一定的审美意义。即人们可以通过自己的感觉从色、形、声中获得某种情感意味。如果这些色、形、声是有规律地组合，那么，人们就有可能从中获得某种美感。

（一）色彩的审美特性

色彩能向人们传达出一定的情感意味，它能引起人们的情感反应，引起人们的联想。如红色容易使人想起火，产生温暖、热烈、兴奋的情绪；黄色容易使人想起灿烂的阳光、黄金、麦浪，感到明朗、喜悦；蓝色容易使人想起天空和大海，产生安静、平和的情绪；绿色容易使人想起春天嫩绿的植物，产生欣欣向荣、蒸蒸日上、生机盎然的感受；白色容易使人想起雪，带有纯洁、凉爽的意味；黑色容易使人想起黑夜，产生阴郁、恐怖的感受。不同色彩所引起的人们种种不同的感受和联想，是人们在长期实践中积累而成的。由于传统习惯不同，不同的国家、民族，在某种色彩与某种特定的内容之间形成比较固定的联系，因而某些色彩便获得了一定的象征意义。例如，红色与火、血相联系，意味着热情奔放，不怕流血牺牲，从而成为革命的象征；黄色为帝王之色，象征皇权、高贵。在中国的京剧脸谱中，色彩又被赋予人物性格的特定意义：红脸表示忠义，黄脸表示勇敢、残暴，蓝脸表示刚强，白脸表示奸诈、阴险，黑脸表示憨直、刚正，绿脸表示粗鲁、野蛮，金脸、银脸表示神圣。总之，不同国家、不同民族、不同时代对色彩往往赋予不同的含义，因而，色彩的审美特性具有丰富多样的内容。

（二）形状的审美特性

形状由线条构成，因而，线条便成为造型艺术的术语。线条可分为直线、曲线和折线，这三种线条所显示的审美特性各不相同。直线表示刚强、正直，给人以庄重感；曲线表示优美、柔和，给人以运动感；折线表示转折、断续，给人以突然感。各种线条有规律的组合带有明显的感情意味。垂直线给人以稳定感和均衡感，表示严肃、庄重，如旗杆、纪念碑就是垂直线造型的。水平线表示平稳、安宁，给人以安静感。斜线表示兴奋、迅速，给人以不稳定感或运动感。利用线条造型传情是我国绘画、书法艺术的优良传统。底面水平的金字塔式的三角形给人以明显的稳定感；倒置的三角形则使人有很不稳定、随时就要倾倒的感觉；正方形含有方正刚直的意味；圆形则给人以周而复始、自我满足的感觉。这些平面和立体图形的一般审美特性，在建筑、工艺、雕塑、摄影、绘画、书法等艺术门类中都有着广泛的应用。

（三）声音的审美特性

声音是物质振动而发出的，它具有物质的自然属性。人们凭借自己的听觉和生活经验，根据声音的不同，能判断出外物的性质、远近和方向。例如，人们单凭楼梯上的脚步声，就能知道来的是哪位熟人；单凭笑的声音，就能知道熟人笑的状态；听到某种蝉或鸟的叫声，就能知道是什么季节。声音不仅具有传递信息的作用，而且还具有审美功能。例如，喜鹊的叫声和乌鸦的叫声给人的感受就不一样，孩子们的歌声和猿猴的啼叫给人的感受就更不相同。嘈杂而无规律的噪声令人头昏，和谐而有规律的声音则能使人感到悦耳动听。如果对自然界的声音加以选择，并按照一定的旋律、音调、快慢、节拍、曲式进行组合，就可能产生优美动人的音乐，唤起人们某种美感。可见，声音这种自然属性经过选择、加工便可产生审美效能。

在声音的审美效能中，最为突出的是它的表现功能。《乐记·乐本》对音乐的表现功能说得很明白："乐者，音之所由生也，其本在人心之感于物也。是故其哀心感者，其声噍以杀；其乐心感者，其声啴以缓；其喜心感者，其声发以散；其怒心感者，其声粗以厉；其敬心感者，其声直以廉；其爱心感者，其声和以柔。六者非性也，感于物而后动。"由于人心感之于物，所以产生的哀、乐、喜、怒、敬、爱之情，发出的声就有杀、缓、散、厉、廉、柔之别。这是我国古代哲学对音乐的唯物主义的解释，有些创作者运用移情手法使外物之声带上了感情。例如，"东风知我欲山行，吹断檐间积雨声"，显然带上了听者的主观色彩，至于借声抒情者则更数不胜数了。可见，声音不仅是人们进行音乐创作的源泉，也是抒发感情的工具。

三、形式美的组合规律

人们在长期的社会实践中发现并总结出某些形式美的组合规律，同时，人们又自觉地运用了这些组合规律，创造出无限多样的美的事物，创造出各具特色的审美对象。学习并掌握这些组合规律，对于我们更好地去感知、理解各种审美对象，提高我们的审美能力，无疑将会起很大的作用，对于我们表现美、创造美也有很大帮助。下面介绍人们在社会实践中发现并广泛运用的几种组合规律。

（一）单纯统一规律

单纯统一规律是形式美中最简单的规律。所谓单纯统一规律，是指各种物质材料按相同的方式排列组合，形成单纯的反复，从而产生整齐一律的美感效应。如蔚蓝的天空、碧绿的湖面、一望无际的绿色草原或金色的麦浪、明亮如水的月光等。色彩单纯统一使人能产生一种单纯、整齐的美感。人们运用这一规律，创造出了许多感人至深的审美对象。农民插秧时，保持一定的株距和行距，行与行之间，株与株之间都整齐一致，给人以整齐的美感。农民种庄稼时，为了充分利用耕地面积，便根据作物的特点进行套种。如每隔几行大豆种几行玉米，多次反复，形成若干层次。这样，从整体上看，仍然整齐一律，并给人以有节奏而又整齐的美感。织布工人利用这一规律，使同一图案有规律地反复出现，织出的布夹杂而不乱，给人以鲜明的秩序感和节奏感。有规律地进行反复是事物发展的正常规律。昼夜交替，春秋代序，脉搏跳动，走路时两臂的前后摆动，工作、学习的一张一弛等都是有规律地进行反复。这种反复，就是生活中的节奏。这种生活节奏，是人类生活所需要的，因而整齐一律容易引起人的美感。反之，杂乱无章，结构无序，会使人产生乱七八糟的反感。有节奏的反复不仅出现在工业、农业中，各门艺术的创作也常利用这一规律。音乐中的节拍、舞蹈中的动作反复、律诗中的音节、建筑物上门窗的排列、戏剧中紧张场面与抒情场面的交替安置、书法中的刚柔结合等都是这一规律的具体体现。

（二）对称均衡规律

对称是指以一条线为中轴，左右（或上下）两侧均等。如人的眼睛、耳朵、手足都是对称的。人体美确实在于各部分之间的比例对称。试想，如果人的两只眼睛不对称，或一上一下，或一大一小，都缺乏美感，歪鼻子斜眼、缺胳膊少腿也是不美的。不少动物的正常生命状态也是比例对称的。甚至部分植物的叶、花瓣也是比例对称的，因而也是美的。对称具有安静、平稳的特性，它还具有衬托中心的作用。例如，天安门两侧的建筑，可以衬托出天安门的中心位置。故宫这一建筑群，也是很讲究对称的，各个建筑都是在一条由南到北的轴线上展开的。从正阳门到太和殿全长1700米，这条轴线两侧的建筑都保持对称。在建筑的整体中突出了太和殿的中心位置。建筑师、工艺师、画家、雕塑家、工人、农民等利用对称规律创造出了许许多多的审美对象，这样的实例数不胜数。

均衡的特点是两侧的形状必须相同，数量也大体相当。均衡较对称有变化，可以说是对称的变体。均衡在静中倾向动，如故宫建筑群，不仅对称，而且还均衡。建筑本身是静止的，但由于形体布局有变化，却呈现出流动感。正阳门是序曲，太和殿是高潮，景山是尾声。整个建筑群高低错落，空间大小纵横。从景山上眺望故宫，屋顶高低起伏好像一片金黄色的波浪，很容易引起人们美的感受，产生种种联想。

（三）调和对比规律

调和对比规律可反映事物矛盾的两种状态：调和是在差异中趋向一致；对比是在统一中趋向对立。异中有同，同中有异。调和对比规律是事物发展的客观规律在形式美中的概括和总结。

调和是把两种相近或相似的事物并列在一起，给人以协调、融合、优美的感觉。如色彩中的红与橙、橙与黄、黄与绿、绿与蓝、蓝与青、青与紫、紫与红都是邻近色。邻近色在一起，就产生深浅、浓淡的层次变化。这种邻近色层次上的变化，使人产生融合、协调，在变化中保持一致的优美感。例如，北京天坛的深蓝琉璃瓦与浅蓝色的天空和四周的绿树配合在一起，就显得很调和，给人以天地融合协调之感。杜甫的诗句"桃花一簇开无主，可爱深红爱浅红"，写出了桃花盛开时深红与浅红在一起相互融合协调的美景。画家也常利用这一规律创作出许多色彩鲜明、令人陶醉的优美作品。织布工人运用这一规律织出各种花布，深受广大群众喜爱。

对比是把两种极不相同的东西并列在一起，使人产生鲜明、醒目、振奋、活跃的美感。例如，色彩中的红与绿、黄与紫、蓝与橙、白与黑都是对比色。杨万里的诗句"接天莲叶无穷碧，映日荷花别样红"，红与绿相陪衬，色彩显得分外鲜明。杜甫的"白摧朽骨龙虎死，黑入太阴雷雨垂"，苏轼的"黑云翻墨未遮山，白雨跳珠乱入船"，这些诗句运用颜色的对比，加强了意境中的色彩效果。不同声音的对比，其审美效果更为鲜明，如"蝉噪林逾静，鸟鸣山更幽"，为了突出山幽林静，以鸟蝉的叫声作陪衬。寂静的环境往往要靠声音来烘托，又如，宁静的深夜有蛐蛐儿的几声叫，这深夜就显得更宁静。战斗开始前的几秒钟，万物寂静，只听到指挥官手表的指针走动声，就愈显出战前的那种严阵以待的严肃、紧张而宁静的气氛。"会当凌绝顶，一览众山小"，这是形体大小的对比。画家为了突出山的高大，往往要画几棵树或几个人来烘托，没有树和人的烘托，山的高大就显示不出来，"烘云托月"就是这个道理。相声演员，往往是一胖一瘦、一高一矮，这样一对演员一上台，就给观众以滑稽幽默的美感，增强了表演效果。总之，调和对比规律，无论是在日常生活中，还是艺术创作中，都是被广泛运用的。

我们在审美活动中，也要善于运用这一规律。

（四）比例匀称规律

比例是指事物整体与局部以及局部与局部之间的比例关系。匀称是指比例关系适度。任何事物比例匀称就美，否则就丑。

绘画、雕塑特别讲究比例。"增之一分则太长，减之一分则太短"就是指绘画、雕塑必须严格掌握比例关系。传说有这样一个故事："宋太子铸丈六金像于瓦棺寺，像成而恨面瘦，工人不能理，乃迎颙问之。曰：'非面瘦，乃臂胛肥。'既铝减臂胛，像乃相称，时人服其精思。"这个故事说的是我国南朝时有个雕塑家，名叫戴颙，他对人体的造型比例非常精通。工匠将塑像雕成之后，脸显得很瘦，很不中意，又无法修改，请教戴颙。戴颙观看后立即指出"非面瘦，乃臂胛肥"，于是，工匠把塑像的臂削减去一些，这座雕像才比例匀称。我国古代山水画中所谓"丈山、尺树、寸马、分人"，就是指山水各种景物之间的比例关系必须安排合理，只有这样，才能真实地表现出客观景物中的自然美。比例匀称规律，不仅在绘画、雕塑中要严格掌握，而且在建筑、工艺、摄影以及日常生活中也被广泛运用。例如，楼房的门窗，写字台的长宽高，飞机、轮船的造型，都要讲究比例匀称。连日常用的碗、筷、钢笔、纸张、书籍等，在造型中都要讲究比例匀称。

（五）多样统一规律

多样统一规律是自然界和人类社会对立统一规律在形式美中的体现。世界万事万物是一个多样统一的整体。多样是指各种事物千差万别的个性，统一是指由于千差万别的个性的联系而构成的共性。就事物的形来说，有大有小，有方有圆，有高有低，有长有短，有曲有直，有正有斜等。就事物的质来说，有刚有柔，有硬有软，有强有弱，有润有燥，有冷有热，有轻有重，有粗有细等。就事物的势来说，有快有慢，有静有动，有分有合，有扬有抑，有进有退，有升有降等。就事物的声来说，有高有低，有粗有细，有强有弱，有长有短，有急有慢等。就事物的颜色来说，红、橙、黄、绿、蓝、青、紫，五彩缤纷。

世界是美的，美就美在世界是一个和谐的、多样统一的世界，是一个变化发展的世界。例如，一枝牡丹，它有枝也有叶，有花萼，有蕊，到一定季节才开花，到一定时候又凋落。它既有花的共性，又有牡丹的个性。世界是多样的，又是一个统一的整体。多样统一规律是形式美的基本规律，也是形式美的高级形式。

第二节 自然美

大自然瑰丽多姿，景色迷人，变化无穷，气象万千。多少诗人被陶醉，多少画家被迷住，多少英雄为之倾倒，多少游人流连忘返。欣赏大自然可以愉悦心情，陶冶情操；可以磨炼意志，增强体魄；可以开阔眼界，增长知识；可以培养情趣，激发灵感。大自然对人为什么有这么大的吸引力？然而，为什么有人"登山则情满于山，观海则意溢于海"，而有人却"登山山无景，观海海无情"呢？可见，如何欣赏自然美，这里是有很大的学问的。

一、自然美

自古以来，人们对自然美有不同的解释。有的人认为，自然美就在于自然事物本身所固有的特性，如水有碧波如镜的宁静美、奔腾飞泻的动态美、清澈晶莹的纯洁美、映照复现的艺术美等。水的这些美的形态都是由水的自然属性表现出来的。与此相反，有人认为，自然物本身无所谓美或不美，所谓自然美，只是人的心灵判断与创造的结果。那么，究竟什么是自然美呢？

马克思认为，自然美是"自然的人化"的结果。所谓"自然的人化"有三层意思：其一，作为万物灵长的人类本身是起源于大自然的，并由大自然逐渐演化而来；其二，人不但能认识自然，而且还能利用自然，改造自然，使之更好地为人类物质文明和精神文明服务；其三，人在认识、利用、改造自然的过程中，从自然中看到了自己的创造力、思维力、想象力、审美力，才会感到喜悦，感受到美。应该强调的是，并不只是被直接改造过的自然物

121

才是"人化"了的，不只是直接为人类所支配的自然物才有"人化"的意义。许多自然物，正是在"自然人化"或"人化自然"的总体意义上获得了"人化"的属性而具备特有的审美价值。总之，自然物美或不美，归根到底是社会的产物和历史的结果。因此，在自然界中，凡是能引起人们美感的各种美的事物的自然形态，统称为自然美。自然美一般分为两种形态：一种是未经人加工改造的自然美，如晴空日丽、鸟语花香、狂风暴雨、雷鸣闪电、湖光山色、彩云霞虹、海市蜃楼、悬崖万丈、瀑布轰鸣、幽谷小溪、滚滚巨浪、大海怒涛等；另一种是经过人类加工改造的自然美，如小桥流水、园林亭台、绿色稻田、金色麦浪、千里运河、山中楼阁等。这些自然美虽然经过人类加工，但仍然以其自然美的形式呈现出来。

自然的这两种形态经常是相互依存、互相渗透的，如黄山上汉代的石拱桥、历代牌坊群、石雕、木雕、园林楼台等。这些巧夺天工的人工建筑与自然风景融为一体，相映生辉，分外迷人。"黄山条条路，连着绝妙处。"黄山人历经数代凿开了黄山路，每条黄山路都有黄山人付出的辛苦，乃至生命。黄山的美，刻着历代黄山人意志的烙印。目睹黄山的天然美和经过人类加工改造过的自然美，彼此映照，浑然一体。这时，你会感到马克思关于"自然人化"和"人化自然"的思想是多么的生动与具体。

二、自然美的审美特征

大千世界，自然美的事物千姿百态，各具特色，但也具有一些共同的审美特征。自然美的特征是与社会美、艺术美相比较而言的，主要表现在以下几个方面：

（一）自然宜人

自然美在外形上一般是符合人的审美要求的。它的色彩往往是悦目的，它的声音往往是动听的，它的线条往往是宜人的。如果没有这些"天生"的自然素质，也就谈不上自然美。

（二）形式上的鲜明性和内容上的隐性

自然美的内容，在多数情况下是隐约、模糊的。其原因主要在于自然物是天然形成的，不是人类加工的。即使经过人类加工过的自然美，也保留或更加显示自然美的基本原型，其内容往往也是隐约依稀的。如苏州园林的湖光山色，花木绿荫又能透出多少确定的内容？但谁能否认苏州园林的湖光山色，花木绿荫不是美的呢？因此，自然美不在于内容而在于形式。另外，人们在欣赏自然美的时候，又往往只注意其形式而忽视其内容。如人们欣赏孔雀的美时，往往只注意其美丽的羽毛，尤其是在孔雀开屏时，有谁能注意孔雀的肉是否鲜美，孔雀的蛋营养价值如何呢？人们喜欢蝴蝶，就因为蝴蝶优美的外形。蝴蝶那轻盈的舞姿往往给人带来无限美好的情思，然而，有谁还会想到蝴蝶对农作物还有害处呢？人们养鱼养鸟，也不是为了吃鱼肉吃鸟蛋，而是为了观赏金鱼游动的美态，为了听鸟那动听的叫声。

总之，自然美重在形式而不在内容，这与艺术美、社会美相比，是大不相同的。

（三）稳定性和易变性

人们常用"青山常在，绿水长流""时光易逝，美景依然"来形容自然美的相对稳定性。有些自然物确实是很稳定的，几百年、几千年也看不出有什么变化，如日、月、星、山、海、湖等的自然变化是很小的。这类自然美与世长存，为不同时代的人们交流审美经验和审美感受提供了方便条件。例如，今天我们去登庐山，就会马上想起并体会到当年苏轼的"横看成岭侧成峰，远近高低各不同。不识庐山真面目，只缘身在此山中"的审美感受。如果我们登上泰山极顶，观赏四周群山，也会产生孔夫子"登泰山而小天下"的感觉。

也有些自然美的事物是瞬息万变的，如烟云霞光、海市蜃楼、花开花落、风吹雪花、蝶舞鸟鸣、流水浪花等都具有多变易逝的特点。杜甫对瞬息万变的浮云写道："天上浮云如白衣，斯须变幻如苍狗。"早晨的荷花才露出尖尖角，具有一种特殊的含蓄之美，一到中午就"映日荷花别样红"。

云卷云舒，花开花落。一年四季的变化，也使自然美的色彩、线条、声音随之变化。如天光是春碧、夏苍、秋净、冬黯；水色一般是春绿、夏碧、秋青、冬黑。山色、草色、庄稼色无不随着季节的变化而变化。画家郭熙在

《山水训》中写道: "春山淡冶而如笑,夏山苍翠而欲滴,秋山明净而如妆,冬山惨淡而如睡。"这说明自然风景是随着季节的更替而不断变化的。

总之,自然美的稳定性和易变性互相交融,构成了自然美的千姿百态。

（四）多面性

自然物的属性是多方面的,自然物与人的社会生活联系也是广泛而复杂的,因此,自然物的美在一定条件下,在与人类社会活动的特定联系中,会得到不同侧面的显示。同一自然物,有时表现为一种美,有时又表现为另外一种美。

例如,月亮从其外形上看,或皎洁如玉盘,或弯弯似吴钩,月亮的这种阴晴圆缺的变化常常蕴含着无穷的意味而令人产生种种联想。就其光亮来说,或明或暗,或暖或寒,往往给人以宁静安详之感。因为月亮有这些美的多样性,因而,欣赏者可以从不同角度,带着不同的心情去联想和想象,于是,可以获得各种不同的审美享受,并借以抒发不同的感情。例如:

> 峨眉山月半轮秋,
> 影入平羌江水流。
> 夜发清溪向三峡,
> 思君不见下渝州。

这首诗是李白"辞亲远游"在清溪至渝州的行途中怀念友人之作。因为是夜行,所以诗人从江中的月影联想到峨眉山上的半轮秋月,认为是它映入平羌江,并随江水与他相伴而行。由峨眉山上的秋月,又联想到峨眉山上的友人,于是怀念之情油然而生,但是船儿在向渝州驶去,与友人所在的方向正好相反,想念友人却又不能相见。这首诗以情写月,借月抒情,委婉曲折地表达了诗人对友人的怀念之情。

> 床前明月光,疑是地上霜。
> 举头望明月,低头思故乡。

这是李白静夜望月思乡之作。月光牵引着诗人的情思，诗人凭借月光抒发思念家乡之情，情景交融，引人入胜。

> 玉钩斜傍画檐生，云匣初开一寸明。
> 何事最能悲少妇，夜来依约落边城。

新月傍檐，清辉露明之时，最能使少妇们感到悲戚。因为新月尚能"依约落边城"，同远在边城戍守的亲人相见，而人却两地相思，会面无期，怎能不见月兴悲呢？可见，这个少妇是由月亮引起了她的思夫之情。

> 初月如弓未上弦，分明挂在碧霄边。
> 时人莫道蛾眉小，三五团圆照满天。

这首诗很像一个小孩子在咏月言志：别看初月像蛾眉那样纤小，到十五的夜里，它便会团圆完满，光照天下，可见，诗人的气魄不小。

月亮这时圆时缺的自然物，引起了诗人的美感，从而又产生联想和想象，不同的诗人所处的心境不同，产生的联想和想象也大不一样。

再以蝴蝶为例，蝴蝶那斑斓的色彩、翩翩的舞姿以及它对鲜花的依恋，很容易使人想起那些轻盈、温柔、热情如火的姑娘们。因此，人们常常把蝴蝶当成爱情的象征，如梁祝化蝶。但有时人们又把蝴蝶当成随波逐流、趋炎附势之徒来讽刺。例如：

> 花开蝶满枝，花落蝶还稀。
> 惟有旧巢燕，主人贫亦归。

这是一首讽时刺世、感叹人情冷暖的抒怀诗。当人走运时，趋炎附势之徒奔走如云；当人倒霉时，门前冷落，无人理睬。唯有以前的燕子还念旧情，即使主人落魄了，仍然归来相依，比那些蜂蝶之流可贵得多。

总之，自然物美或不美，往往与欣赏者的欣赏能力和心境有关。自然美与社会美、艺术美相比较，其特点是很明显的。我们了解、掌握自然美的这些特点，对我们更好地欣赏自然美是很有帮助的。

三、欣赏自然美

我们了解自然美特点的目的是为了更好地欣赏自然美。人们对自然美的欣赏积累了不少的宝贵经验，这对帮助我们更好地欣赏自然美是很有借鉴意义的。孔子说："智者乐水，仁者乐山。"他认为人之所以爱山水，就是由于山水体现着仁者、智者的美好德行。山可以使草木生长，鸟兽繁衍，给人们带来利益，而自己却是无所收获。水所到之处，不仅滋润着万物，而且还给万物带来了勃勃生机，这是仁者的表现，水由高向低流，舒缓湍急，循其理似义也。山和水的这种博大胸怀，似仁，似德。孔子把自然美当成人类美好道德的象征的认识，对后世产生了深远的影响。这种"比德"观点的出现，说明人类对自然美的欣赏已从直接的物质功利性进入到精神功利性的审美阶段了。

到了魏晋南北朝时期，人们对自然美的欣赏又出现了新的质的飞跃。山水画家宋炳曾经说过，自然山水为人之所好，不过是因为它能"畅神"而已。这种说法认为自然美能陶冶人们的情操、舒畅人们的心情。"畅神"观点的出现，标志着人们已经能从自然美的神韵、气质等方面去体验和欣赏大自然了。周敦颐在《爱莲说》中说喜欢荷花是因为它"出淤泥而不染""中通外直""不蔓不枝"的自然属性同人的高雅、正直的神韵、气质品格相似。"比德"的思想以及"畅神"的观点对我们欣赏自然美有很大的激发、诱导、启迪的作用。当我们沿着林木茂盛的小径登上高山之巅的时候，会感到豁然开朗，天地一下子变宽变高了。我们看到大自然胸怀博大、宽广，它能够容纳万壑，汇集百川，养育千百万生灵，表现出无限仁厚、慈爱以及奉献精神。

人们欣赏自然的经验极其丰富，归纳起来就是"观察想象"这四个字。

所谓"观察"，主要包括以下几方面的内容：

第一，要学会选择适当的角度和距离。观察和欣赏自然景物，特别是静态的自然物，要选择好角度和距离。由于观赏者选择的角度不同、距离不同，对相同自然景物所观赏到的状况和面貌就不一样。黄山上有一块怪石，名叫"飞来石"，从不同的角度和距离去观察，形状各不相同。有时像个仙桃，有时像个南瓜，有时又像一个梨。黄山怪石很多，只要观赏者的位置选对了，就能看出这些怪石的各种形态，有的像人，有的像狗，有的像鸡，有的像猴子，有的像乌龟……故有"金鸡叫天门""天鹅下蛋""猴子摘桃""松鼠跳天都""武松打虎""关公降曹""猪八戒""仙人晒靴"等。其实这些石头本身没有变化，只是由点到面欣赏的角度和距离不同，才呈现出这样或那样的形态。

　　第二，观察自然景物要注意时间和天气的变化。同一自然物在不同的时间、不同的天气，会呈现出不同的色彩和状态。例如，范仲淹在《岳阳楼记》中描写的洞庭湖春天的景色："春和景明，波澜不惊，上下天光，一碧万顷，沙鸥翔集，锦鳞游泳，岸芷汀兰，郁郁青青。"秋天的洞庭湖却是"淫雨霏霏，连月不开，阴风怒号，浊浪排空，日星隐曜，山岳潜形，商旅不行，樯倾楫摧，薄暮冥冥，虎啸猿啼。"因此，欣赏自然美要注意季节的选择。如果想登黄山观云海，那么，最好选择5到10月。在这段时间里，黄山总有云海，似云非云，似海非海。登黄山观云海，似乎可听到云海的涛声，似乎能看到云海中的白帆。云游景生，云动景变，动中欲静，静中欲动，潮起潮落，似乎黄山也动起来了。冬季游黄山，则为另一番光景：天地洁白，玉琢的山峰，雪塑的园林，还有那些青松、绿叶、雪梅、野海棠和叫不上名来的奇花异草与银白世界相映生辉，白鸟、白猫、白公鸡构成了童话的世界，神奇无比。如果要领略一下"沾衣欲湿杏花雨，吹面不寒杨柳风"的滋味，最好选择江南的杏花春雨季节；如果要观赏冰灯，那就应选择在寒冬腊月，去哈尔滨；如果要看牡丹花，最好选择4月去洛阳；如果要登泰山观日出，那就最好选择秋、冬、春三季，因为夏季往往是云雨天气，不易看到日出的壮观景象。当然，雨中登泰山，也别有一番情趣。即使一日之内，早、午、晚景象也有很大差别。在这方面，欧阳修观察得很细，他在《醉翁亭记》中写道："若夫日出而林霏开，云归而岩穴暝，晦明变化者，山间之朝暮也。"碧野在《天山景物记》中，对"迷人的夏季牧场"那段精彩的描

127

写更是色彩鲜明，引人入胜。雨前的早晨，牧场"那些被碧绿的草原衬托得十分清楚的黄牛、花牛、白羊、红羊，在太阳下就像绣在绿色缎面上的彩色图案一样美"。阵雨时，"每当一片乌云飞来，云脚总是扫着草原，洒下阵雨。牧群在云雨中出没，加浓了云意，很难分辨出哪是云头，哪是牧群"。而当阵雨过后，"雨洗后的草原就变得更加清新碧绿，远看像块巨大的蓝宝石，近看那缀满草尖的水珠，却又像数不清的金刚钻"。黄昏，落日映红周围的雪峰，像云霞那么灿烂。

第三，观察自然景物时，要注意观察自然物动态、动势、消长、隐现的变化。例如，黄山的松，不生长在土地上，偏偏生长在悬崖峭壁上，腾云驾雾、奇形怪状、千姿百态。松抱着石，石抱着松，松连着云，云浴着松，有的形若老虎，被人称为"黑虎松"；有的像云雾中出现的龙爪，叫"龙爪松"；有的像两条龙飞舞在云海的上空，叫"双龙探海松"；有的像人在鼓掌，叫"迎客松"；有的像人在挥手告别，叫"送客松"等，松云相抱，时隐时现，时消时长，神奇无比。云和松是这样，山和水也一样。"山得水而活，水得山而媚。"大江东去，一泻千里，给人以壮美感；山间小溪，涓涓细流，给人以优美感。黄山的桃花溪、三叠泉、天池、九龙瀑、"人"字瀑等，由于流水大小不同，动态不同，给人的感受也不一样。例如，"人"字瀑，一泉分二流，形成"人"字形。历代多少游客在此望景生叹，悟出多少人生哲理。一滴水是渺小的，千千万万滴水汇成巨流，一往无前，势不可挡。小溪浪花，小巧玲珑，令人喜欢；大风大浪，汹涌澎湃，激人兴奋。"山不在高，有仙则名；水不在深，有龙则灵。"这都是由于山水势态不同，给人以不同美感的例证。至于观看那些瞬息万变的自然景物，则更应该注意消长、隐现、势态的变化，从中领略其美妙。例如，海市蜃楼、霓虹云霞、风吹草动、花开花落等，如果不注意，就看不出那一瞬间的美妙。

所谓"想象"，就是指在细心观察的基础上，用联想去补充自然美的不足，用想象去丰富充实自然美，使之更理想化。我国当代美学家王朝闻曾经说过："看黄山在于自己的眼睛和耳朵。"美在于发现，美在于创造，美在于联想和想象。如果不去联想和想象，那么，观赏黄山的石就不会发现什么"松鼠跳天都""天鹅下蛋""武松打虎""金鸡叫天门""关公降曹""仙人晒靴"等景观的神奇，也不会发现"双龙探海松""迎客松""送客松""龙爪松""黑虎松"等的美妙。有些自然景物如果不与传说联系起来欣赏，就没有什么趣味了。如我国有不少"望夫石"，其实"望夫石"只不过是突出在海边的一块礁石罢了。如果不与传说相联系，实在也看不出什么来。如果与传说联系起来，那石头的形象也就活了。唐朝诗人王建写望夫石时，是把无生命的石头作为有生命、有感情的妇人来写的："望夫处，江悠悠，化为石，不回头。山头日日风复雨，行人归来石应语。"现在虽然化为石头了，但等到远行的丈夫回来，她还会活过来说话。至于那几千年的期待、辛酸该从何说起，那就更需要观赏者去想象了。

想象是能动的，但不是主观的；想象是自由的，但不是任意的。在欣赏自然美的过程中，要充分发挥想象力的作用，首先，要注意观察客观审美对象的特点，在此基础上进行想象。其次，要联想神话、传说、名人题咏等去想象。再次，要联想文艺作品去想象，如一首好的山水诗、一篇好的描写自然风景的散文、一些描写自然美的音乐等，都可以帮助我们去欣赏某些自然美。最后，还可以联系社会变迁及风土人情去联想和想象。只要我们学会观察、善于想象，就会逐步提高对大自然美的欣赏能力。

第三节　人的自身美

人的自身美包括人的外在美和内在美两部分内容。人的外在美与内在美既有联系，又有明显的区别。探讨这部分的内容，对于当代大学生来说，有着特别重要的现实意义。

一、人的外在美

人的外在美，就是一个人的形体外貌、举止行为、服饰打扮等方面的外表美。在世界所有的审美对象当中，人的美是最高级、最深刻、最有魅力的。人作为一种审美对象来说，给人的第一印象，首先是外在的美。人的着装打扮，形体外貌在整个人的自身美中的作用是不可忽视的。

在人的外在美中，人体美起着重要的作用。一般认为，人体美既有自然美的因素又有社会美的特点。就人体作为自然物质来说，筋骨、肌肉、皮肤等属于自然的造化物。人的身高、相貌、肤色是无法选择的。由于造物主的不公，有的人得天独厚，天生一副好身材，不高不矮，不胖不瘦，唇红齿白，眉清目秀，异常俊美；有的人则又细又高或又矮又胖，身材不匀称，当然不美。爱美之心人皆有之，人的体形、相貌大都由遗传因素所决定，但后天注意饮食，选择适当的锻炼项目，经常进行身体锻炼，适当的修饰打扮自己，也可以弥补一些先天不足。

（一）人体比例协调美

人体美首先是通过人自身的恰当比例关系来表现出来的。尽管不同时代不同国家不同地区对于这种比例关系的看法有一定的差异，但也有某些共同的标准。以男子为例，若肚脐把身高分为上下两段，下段与上段的比例则是8：5；头是身高的1/8；两肩最宽处的距离为身高的1/4；平伸两臂的距离与身高相等；两腋宽度与臀宽相同；大腿正面宽度等于脸宽。一般情况下，身材高矮适中，身体各部分结构匀称，五官端正，肌肉丰满而富有光泽，健康而显示出蓬勃旺盛的生命力，这是美的人体必须具有的基本条件。不符合这些条件的人体，是很难被人们认为是美的。通常都说明眸皓齿是美的，因为目明是智慧的表现，齿白为清洁的标志。又如，鹤发童颜与伛偻干瘪自是大不相同的老人形象；伶俐活泼与迟钝呆傻也是迥然有别的儿童形象。车尔尼雪夫斯基认为，人的美就是人体的美，主要就是健康、体格强壮等。

（二）人的相貌美

人体美，包括形体、相貌的美。它是人的生理形态呈现的美，属于自然美、形式美的范畴。对人体美的欣赏，远比对自然美的欣赏要早，我国的《诗经》中就有对女性人体美的描述："手如柔荑，肤如凝脂，领如蝤蛴，齿如瓠犀，螓首蛾眉。巧笑倩兮，美目盼兮。"用比喻和铺叙的手法，准确而形象地刻画了形态之美，末二句还兼及神态，使读者仿佛看到了一位美丽而活泼的少女，旧有"美人图"之称。从古希腊残留至今的雕塑中，也能看出当时人们对自身形体美的观照，以及对形体美的热切的追求。例如，米隆的《掷铁饼者》，那健壮的躯体、完美的比例、发达的肌肉、灵巧的身姿，整个男性美都由完美的形体反映出来。为实现他们的审美理想，他们制定了严格的优胜劣汰制度，他们还普遍开展全民体育运动来健美形体。

人体之所以美，就在于它传达了青春勃发的生命活力，体现了人类独具的精神、品格。罗丹赞美人体说："人体，由于它的力，或者由于它的美，可以唤起种种不同的意象。有时像一朵花，体态婀娜仿佛像花茎，面容的微笑、发丝的光彩，宛如花萼的吐放；有时像柔软的常春藤，劲健摇舞的小树；有时又像一座花瓶。我常叫模特背向我坐着，臂伸向前方。这样只见背影，上身细，臀部宽，像一个轮廓精美的花瓶，蕴藏着未来的生命的壶。"罗丹是伟大的艺术家，他从人体看到的是无与伦比的美。

任何人都希望自己有一个健美的身体，人人也都希望自己有一副好相貌，那怎样的形貌才算美呢？人人各有其美，千姿百态，但经过长期的历史积淀，以及文化传统、民族习惯的影响，也形成一些共同的人体美的要求。身材、相貌属于静态美。按现代审美标准，身材、相貌的美，应符合健、力、美三者相统一的原则。具体表现是比例匀称、强健有力、体貌光润、五官端正。所谓比例匀称，是指身体的长短、胖瘦、四肢之间的比例、外形结构符合美的规律，令人一看，能留下美好可爱的印象。文艺复兴时期著名画家达·芬奇以人体解剖学为依据，总结出一套符合标准的人体比例。例如，人的头部应占总身高的1/8，以肚脐为界，上部与下部的比例应符合黄金分割律（即1：1.618）等。我国古人认为理想的人体美应是"增之一分则太长，减之一分则太短"，即适中即为美。所谓强健，是指肌肉发达丰满，结实有力，富有弹性。

人体美主要在于形体美。按现代人的审美标准，男性形体美具体表现在肩部要宽厚，而骨盆要窄些，上体形成倒三角形，上肢要强健有力，下肢要长，整体形象是骨骼粗壮，肌肉发达，躯体的曲线粗犷，棱角分明。女性形体美具体表现在肩部较窄而胯骨较宽，皮肤柔润有光泽，皮下脂肪丰富，颈部纤细，腰部较细，应微呈圆柱形，腹部应扁平，臀部要丰满，整体形象是柔和圆润，有多处曲线且优美。人的体形，可以通过健美锻炼，得到矫正和改善。一般来说，人的身材、相貌，其五官、高矮、胖瘦、肤色、四肢，各部分的比例、位置，以接近本民族同性别的平均值最为理想。

（三）人的姿态美

人体恰当的比例、相貌的端正、各部分的和谐统一是人体美的必备条件。此外，人体美还表现在姿态动作上，呆板、僵硬或故意做作的姿态动作，不能给人以美感。只有处在自由运动中，以优美的姿态和谐的动作，表现人的蓬勃向上的生命力，才具有美的感染力。车尔尼雪夫斯基曾说："动作的敏捷与优美是人体的端正和匀称的发展的标志，它们无论在什么地方都令人喜爱的。所以燕子的飞翔有不可言传之妙，有羊奔马驰之美。"一个人如果才华出众，相貌超群，但姿态动作缺乏美感，那么他的外在的美就会受到损害。平时我们常说人要"站有站相，坐有坐相""立如松，坐如钟，卧如弓，行如风"，说的就是人的各种姿态的美。试想一个人如果在众人面前跷起二郎腿，或者前仰后合出一些洋相、怪态，很容易引起人们的反感。所以，平时在言谈、举止方面要加强修养，养成良好的行为习惯。

（四）服装打扮美

"人是衣裳马是鞍""佛靠金装人靠衣装""七分长相三分打扮"，这些都强调了服装打扮美的重要性。

萧红在回忆鲁迅的文章中写了这样一段趣事：20世纪30年代萧红去看鲁迅，她穿了一件红上衣和咖啡色带方格的裙子。萧红天真地问鲁迅："周先生，我的衣服漂亮不漂亮？"鲁迅抽着烟，上下看了一下说："不大漂亮。""你的裙子配的颜色不对，并不是红上衣不好看。各种颜色都是很好看的，红上衣要配红裙子，不然就是黑裙子；你这裙子是咖啡色的，还带格子，颜色混乱得很；方格子的衣裳胖人不能穿，但比横格子的还好。横格子的，胖人穿上，就把胖子更往两边裂开着，更显宽。你要穿竖条子的，竖的把人显得长，横的把人显得宽。"萧红惊讶地问："周先生怎么晓得女人穿衣裳这些事情？"鲁迅回答："看过书的，关于美学的。"这段趣事说明年轻活泼的萧红虽然爱美，但她却不会美，违背了美的规律，因而鲁迅和她说那身打扮"不大漂亮"。当今社会也有不少青年学生，虽然爱美，但确实又不知道怎样去打扮，常常盲目地去模仿别人，由于违背了美的规律，结果不能引起人们的美感。那么，怎样的服装打扮才是美的呢？服装美本身有三要素，下面只做一些简单的介绍。

1.色彩

服装色彩是十分引人注目的审美因素。一般来说，红色、橙色、黄色属于暖色调，它们使人感到热烈、明朗、欢快、活泼；而蓝色、白色则属于冷色调，使人感到纯洁、雅静、凉爽；绿色属于中色，往往给人以柔和、欣欣向荣、生机盎然的感受。这是人们在长期审美活动中，对色彩形成了相对稳定的审美观念，这是不能忽视的。

色彩不同的排列组合，往往会产生不同的审美效果。色彩的排列组合大体可分为两种趋势：一个是对比色，另一个是调和色。对比色差别大，给人以明快、爽朗的感受。例如，红与绿、黄与紫、黄与橙、白与黑，都属于对比色。调和色是两种色彩相近或在同一色中深浅、浓淡的层次变化。例如，红与橙、橙与黄、黄与绿、绿与蓝、蓝与青、青与紫、紫与红都是邻近的色彩。调和色使人感到融合、协调、温柔，在变化中又保持一致的感受。一般来说，浅色在人们的视觉上容易造成扩张感，深色又能在人们的视觉上造成收缩感。因而，人们常常利用这一视错觉的特点来造成和谐的美感。例如，胖人穿深色的衣服可以显得瘦一些，瘦人穿浅色的衣服可以显得胖一点，反之，则效果往往不佳。

2.样式

服装样式也是很引人注目的审美因素。穿运动服显得活泼，穿长裙子显得沉静，穿短裙显得轻盈，穿西装显得潇洒，穿旗袍显得华贵雍容，穿夹克衫显得结实有力。

3.质料

好的质料本身就具有一定的美感。例如，绸缎细致，绒毛柔软，纱类比较轻盈，而毛料之类又有挺直、厚实的特点。这些也是构成服装美的内在因素。

同一件衣服这个人穿上很好看，另一个人穿上就不一定好看。这是为什么呢？这里的原因很多，以下几个方面应该注意。

（1）穿衣服应与职业特点相适应

这是因为，一方面工作起来方便，另一方面突出了这个职业的性质特点。例如，医护人员穿白大衣，显得干净圣洁，又突出救死扶伤这一职业的神圣感，又给病人以安静亲切的感觉，显得很美。如果医护人员穿红色或黑色的衣服，病人就会望而生畏，产生恐惧感，与救死扶伤这一职业特点相违背。陆军战士穿黄绿色军装、海军战士穿蓝白相间的海军服，是为了隐蔽。演员穿鲜艳的服装，是为了增加舞台的气氛，而教师如果穿得很鲜艳，就与严肃的课堂教学气氛不适应。这里说得美与不美，不是单指衣服本身而言的，而是说衣服应与自己的职业相协调。协调谓之美，不协调就不美了。

（2）穿衣服应与一定的场合相协调

同一件衣服同一个人在不同的场合穿，其效果是大不一样的。例如，在喜庆的婚礼中，新娘穿上一件大红金丝绒旗袍，无疑是美的。如果她穿这身衣服去参加追悼会，那将是怎样的情景呢？运动场上穿背心、短裤，显得矫健、活泼，是很美的，但在教室里或礼堂里就不能穿这种衣服。游泳场里穿游泳衣很美，如果穿游泳衣去逛商店，那么，人们就会认为这是一个疯子。总之，穿衣服一定要注意场合，要注意和谐，否则就会闹出笑话。

（3）穿衣服应符合自己的体形、年龄、性别、性格、气质、脸形、肤色等特征

一般来说，胖人不宜穿瘦衣服，瘦人不宜穿肥衣服；男人不能穿女装，女人不能穿男服；老人不能穿少装，少年不能穿老年人衣服。胖人如果穿瘦衣服，形若裹粽，不好看；瘦人穿肥衣服就越发显得瘦。此外，穿衣戴帽还要考虑个人的脸型、肤色、气质、性格等因素。例如，尖脸型的人宜穿男式衬衫领或中式贴领；长方脸型的人宜穿水平领；方脸型宜穿小圆领或西装领；圆脸型的人宜穿V字领或尖领。总之，要扬长避短，但也不能过分，过分地扬长避短，往往长也没有扬好，短也没有避严，那就弄巧成拙了。

穿衣服往往与个人的性格、气质、风度有关。一般来说，性格活泼开朗的人喜欢穿色彩对比鲜明的衣服；性格温柔的人喜欢穿西服；严肃庄重的人

喜欢穿中山服。当然这不是绝对的，但是应当注意的是，有的年轻人，不顾上述的个性特点，一味追赶时髦，其审美效果往往是不好的。我们经常说要"穿衣吃饭，量体裁衣"。具体问题要具体分析，不能不顾个人特点而去盲目地赶时髦。

二、大学生的身体自我

身体自我是指个体对自己身体状况的认识与评价，包括对自己的外表、容貌等以及自己的身体健康状况、身体素质、运动能力等方面的认识。大学阶段是自我意识发展的新时期。大学生们在认识、评价自己的身体，并参照他人对身体的认识和评价的交互作用过程中逐渐形成身体的自我观念。健康的身体自我观念有助于大学生的发展，而不健康的身体自我观念则易引发心理疾病。

（一）身体自我的内涵

身体自我可以分为以下四类：

1.现实的身体自我

个人实际的身体形象，是一种客观的认识。

2.理想的身体自我

个人想自己成为什么样的身体形象。

3.投射的身体自我

个人认为他人是如何看待和评价自己的身体形象。

4.幻想的身体自我

身体自我是一种神经症的自我意象，即个人相信自己确实已达到这种值得赞赏的状态。

青年人都重视自己的身体自我。身体自我会影响一个人的自我观念。有人研究发现，身体自我对一个人的整体自我观念有着重要作用，长相漂亮、富有魅力的人在交往中往往易受欢迎并得到积极的认可。有健康身体自我的青年人会显得自信，而对身体自我不满或否定的青年人则易产生自卑乃至否定自我的价值，走上自暴自弃甚至自毁的道路。

（二）影响身体自我形成的主要因素

人身体自我的形象，受下列主要因素影响。

1.身体现状

个人自身的身体条件是形成身体自我的物质基础。它受个人遗传基因的影响，这些身体条件通常是很难改变的。在一定条件下受遗传影响的身体条件也会受到如营养、体育锻炼等因素的影响。

2.文化历史

社会文化不同的人们对身体自我的价值评判与认同也不相同。西方人以丰满、厚实的大嘴为美，东方人赞美樱桃小嘴。我国唐朝的妇女以肥胖为美，而现在则以苗条为美。社会文化背景是个体形成理想身体自我的基础，人们总是参照该时代的社会文化要求并结合自身条件来追求理想的身体自我。

3.社会职业要求

社会职业也会影响个体的身体自我。如有人研究发现，从事舞蹈的女学生在体质与相貌两个维度上的自我评分比普通女学生在这两个维度上的自我评分低。因此，对身体形象要求高的专业或希望将来得到对身体形象要求较高职业的大学生，即使身体形象不差，也可能形成不良的身体自我。

4.性别定型

性别不同对自己身体自我的要求不同。一个正常男性不可能喜欢自己像女人般的身材，同样一个正常的女性不会希望自己长得像男性一样。

5.他人评价

个人对自己身体的赞许度与别人如何看待自己密切相关。他人对自己身体评价的高低对身体自我的形成起着重要作用。

6.自我价值感

自我价值感是指个体对自己赞赏、重视、喜欢和看重的体验。有关研究表明，身体外貌是构成自我价值感的重要维度之一。个人的自我价值感不同对自己的身体也会有不同的要求。如果个体自我价值感获得过于依赖自己的身体自我形象或对身体自我形象的要求过高，就易于对自己的身体自我不满。

三、人的内在美

人的内在美是指人的心灵美、品质美、道德美、性格美、情操美等内在的美。外表漂亮虽然也能引起人的美感，但是，这种外在的美往往是暂时的，易逝的。思想品质、性格气质、道德情操等方面的内在美却是持久的、经常的。莎士比亚在他的剧本《一报还一报》中写道："没有德行的美貌，是转瞬即逝的；可是因为在你的美貌中，还有一颗美好的灵魂，所以你的美貌是永存的。"正因为内在的美在整个人格中占有如此重要的地位，所以古今中外有许多谚语都强调人物形象的美主要在内在美。例如，"鸟美在羽毛，人美在勤劳""花美在外边，人美在里边""马的好坏不在鞍，人的美丑不在穿""人美不在貌，而在于心""样儿好，比不上心眼好"等。德谟克利特提出："身体的美，若不与聪明才智相结合，是某种动物性的东西。"他还进一步形象地说："那些玩偶的穿戴和装饰看起来很华丽，但是，可惜他们是没有心的。"可见，人的内在美要高于外在美。

内在美的核心就是心灵美，心灵美主要包括思想道德、情操性格、文化修养这几方面的内容。思想道德美，主要表现在爱国、诚实、正直、谦虚、勤劳、助人为乐、互相理解等方面；性格情操美主要表现在勇敢坚定、机智沉着、见义勇为、热情好学、文雅自重、豪放开朗、爱憎分明等方面；文化修养主要表现在虚心好学、不耻下问、勤奋严谨、博学上进、永不满足等方面。

人的心灵美并不是抽象的，也不是不可感知的。它总是要通过人的语言、行为、表情、神态等方面表现出来。所谓"怔神见貌，则情发于目"，就是指人的思想感情常常通过人的表情神态自然流露出来。人的眼睛最能表现出人的内心世界。"眼神"一词的含义就在于眼睛能传神，能把人的内心活动传递出来。因此，画家达·芬奇把人的眼睛比作是心灵的窗户。鲁迅特别注意人物眼睛的描写，从中表现人物的内心精神状态。这些都是极为精辟的见解。

人的心灵美还常常表现在语言上，常言道"言为心声"，语言美与不美，往往会产生不同的社会效果。热情的召唤、真诚的鼓励、彬彬有礼的谈吐，可以使人亲密无间、和睦相处；冷漠、生硬、粗俗、蛮横无理的语言，会使亲人相悖、朋友寒心，甚至会引起冲突或谩骂。

人的心灵美，更多表现在行为上。行为受思想的支配，因此一个人的行为美不美，也是心灵美的具体表现。美的行为会为他人带来温暖、幸福；不美的行为会给他人带来损害、苦恼。总之，一个人的内在美是具体的可感的，总是自觉或不自觉地通过各种形式表现出来的；同样，内在丑的东西，也总是要表现出来的，只是怕丑露于外面而千方百计掩盖起来罢了。这种掩盖又往往给人以假象的感觉，假象绝不会引起人们的美感，只能引起人们的憎恶和反感。

心灵美的内涵有以下几个方面：

（一）崇高的理想

人生理想是人的内在美的核心，但并不是所有的理想都是美好的，只有同绝大多数人的利益和愿望相一致的理想，有利于人的创造力的发挥和人的全面发展，有利于人类物质文明和精神文明的进步的理想，才是崇高的、美好的，才具有审美价值。很多为人类做出杰出贡献的人都有崇高的人生理想。17岁的马克思写道："如果我们选择了最能为人类福利而劳动的职业，那么，重担就不能把我们压倒，因为这是为大家而献身，那时我们感到的就不是可怜的、有限的、自私的乐趣，我们的幸福将属于千百万人，我们的事业将默默地，但是永恒地存在下去。"北宋的范仲淹在《岳阳楼记》中留下了"先天下之忧而忧，后天下之乐而乐"的千古名句。为什么像这样不计个人得失，以天下为己任的人生理想就是美的呢？这是因为这种人生理想超越了"趋利避害"的生物本能，表现了人的自由、自觉地创造本质，虽然这种人生理想在不同的时代，不同的阶级中有不同的内容，但都起着推动人类社会进步的作用，因而都是美的。

（二）高尚的道德情操

高尚的道德情操，是心灵美的重要标志。道德美，是指一个人在处理个人与他人、个人与集体、社会、国家的关系时，所表现的符合一定道德原则和道德行为规范的美好品质。按孔子的说法，道德修养的最高境界"随心所欲不逾矩"。道德行为达到极其自然的境界，也就是道德美的最高境界。情操美，是指在追求真、善、美的斗争中，所表现出来的高尚情感和坚贞节操的统一。我国古代诗人屈原为理想"虽九死其犹未悔"的节操，就是情操美的具体表现。

（三）渊博的知识修养

培根说："读史使人明智，读诗使人灵秀，数学使人周密，哲学使人深刻，伦理学使人庄重，逻辑修辞使人善辩。凡有所学，皆成性格。"远大的理想、高尚的道德，来自对人生、社会历史的深刻认识，来自知识的不断积累。知识包括理论知识和实践知识，人不断学习、积累知识的过程就是不断地培养、改造和塑造自己精神面貌的过程。没有知识，人就显得空虚、茫然、不安、愚昧。不了解事物的过去、现状和发展趋势，人的生活就没有目标，无法预见事物的未来。荀子说："君子之学也以美其身。"丰富渊博的知识，能使人变得更完美。修养是以知识为核心的，包括人的道德、情感、行为、态度在内的多种素质，并通过感性的形式或生活态度表现出来。一个人的修养，除了具备丰富的知识含量，还应看知识在他的道德、情感、行为方式中的潜移默化的程度。知识只是一种理论形态，而修养是一种生活态度化、行为方式化的东西。因此，修养的高低取决于对知识的把握程度和对知识的融化程度。此外，一个人的阅历及实践知识对人的修养的养成也非常关键，尤其是对实践知识的反思和认识更为重要。人的一生就是不断实践，不断自我认识，不断自我完善的过程。丰富的阅历也是人生的一笔巨大的财富，我们要善于实践并从中吸取养分，区分出美丑，使自己的修养不断得到完善。

（四）优良的性格特征

性格是指对现实的稳定态度以及与之相适应的习惯化行为方式。它形成的基础是人的先天素质以及后天的学习，所以，它具有鲜明的个性特征。例如，《水浒传》中描写了众多的性格鲜明的人物，宋江的仁义忠厚，吴用的机智多谋，李逵的鲁莽率直，武松的机敏勇猛……都有各自的性格特征，无怪乎金圣叹评《水浒传》说："别一部书，看过一遍即休，独有《水浒传》，只是看不厌。无非是它把一百零八人性格都写出来。"人的性格是与知识、修养分不开的，性格中必含有一定的知识和修养，同时，一个人的性格又往往与他的气质类型相联系。四种气质类型在行为方式上的典型表现是：胆汁质的人，脾气暴躁，性情直率，精力旺盛，但容易冲动发火，属于急躁型；多血质的人，活泼，好动，聪敏，善于交往，兴趣广泛，但注意力容易转移，属于活泼好动型；黏液质的人，安稳，持重，沉默寡言，坚韧内向，能忍耐，但反应迟缓，比较保守，属于安静型；抑郁质的人，敏感，细心，谨慎，认真，但孤僻，胆小，行动迟缓，与世无争，属于迟钝型。多数人兼有两种或几种气质的混合或中间类型。人的气质类型虽有先天性，但通过后天培养教育，通过社会实践，随着知识、修养的不断提高，是可以改善变化的。一般来说，性格优良的人，表现为热情、善良、高尚、勇敢、活泼、开朗、顽强、刻苦等；与此相反，冷漠、暴躁、骄傲、怯懦、虚伪、阴险、卑鄙、粗鲁，则是不良性格的表现。

人的美是由内在美和外在美构成的统一体，但外在美和内在美在人的美中所处的地位并不完全相同。在外在美和内在美的辩证关系上，内在美属于矛盾的主要方面，即内在美重于外在美，内在美体现着人所具有的精神和心灵，它是本质，是内容，从根本上决定了一个人是美还是丑。外在美是现象，是形式，不起决定作用。泰戈尔说："你可以从外表的美来评价一朵花或一只蝴蝶，但你不能这样来评价一个人。"荀子说："形相虽恶而心术善，无害为君子；形相虽善而心术恶，无害为小人也。"强调的都是内在美是比外在美更高的美。但这并不等于说外在美微不足道，如前所述，外在美是人的内在美的外化，是内在美的感性显现，我们既不应离开内在美，一味追求外在美，变成"绣花枕头，外面靓"，也不应不顾自己的外在美，故意放浪形骸，成为举止轻浮、粗鲁，让人厌恶的丑的对象。既具有美的内在精神，又重视美的外在表现，力求外在美和内在美二者兼顾，使它们尽可能和谐统一，这才是我们追求的目标。

（五）语言美

语言美是指语言的正确、纯洁、健康、高尚以及使用语言的艺术。语言是一个人思想、情操、气质、风度的直接反映，也是其文化修养、文明素质的标志。我国古语有"言为心声""慧于心而勇于言"，说的就是这个道理。语言美的原则是：言之有理、有礼、有物，讲究语言艺术。所谓言之有理，是说话要讲道理，要合乎情理，以理服人，以情感人。所谓言之有礼，是讲话要有礼貌，要得体，符合道德规范和风俗习惯。所谓言之有物，是说话要有内容，空话、大话、套话、废话都是与语言美不相容的。言之有理、有礼、有物，概括起来说就是语言要有内容美。所谓讲究语言艺术，是说语言要有形式美。高尔基说："作为一种感人的力量，语言的真正的美，产生于言辞的准确、明晰和悦耳，这种言辞描绘出作品中的图景、人物性格和思想。"就是强调语言的形式美。语言的形式美具体说：一是语言要准确、鲜明、生动、优美、规范，用词准确，表达恰当，词汇丰富，要符合修辞、语法、逻辑；二是态度诚恳、朴实，语言平和委婉；三是语言还应有音韵之美，语言的音韵之美由节奏、对仗、押韵、语言抑扬等因素构成。李煜的词《捣练子令》中有这样的词句："深院静，小庭空，断续寒砧断续风。"读来就有音乐之美。我国古典诗词是这方面的典范，平时多鉴赏，日积月累就能使自己的语言变得更美。

四、人的内在美与外在美的关系

内在美与外在美是辩证统一的，二者既有区别又有密切联系。内在美高于外在美，外在美又陶冶着内在美。因此，每个青年学生既要讲究外在美，更要加强自身的内在美的修养，做一个内在美与外在美相统一的完美的人。

外在美只是在形式上反映一个社会的某些特征和个人的外部特征，内在美却反映一个社会的文明水平和个人的自我完善程度。就一个人而言，内在美体现着一个人的世界观、人生观，言谈行为，乃至着装打扮、兴趣爱好一般都受其人生观、审美观制约。当然，有些外在美并不完全由其内在美决定，如人的体形、容貌大都是由遗传因素决定的，看一个人美或不美，应着重从内在美上去评价。

现实社会中的人，有的是外表美，内心也美；有的是外表美，而内心却不美；有的是外表不美，而内心却很美；还有的是外表不美，内心也不美。例如，《红楼梦》中的林黛玉和贾宝玉，可以说是内在美与外在美相统一的典型形象。就外表而言，他们是很美的；就内心而言，他们是封建统治阶级内部的叛逆者。虽然他们的爱情是以悲剧而告终，但他们忠于爱情，反抗封建婚姻制度的斗争精神，唤起了人们的同情。王熙凤，从外表来看也是个大美人，她"身材苗条，体格风骚"，那副打扮"恍若神妃仙子"。可是她却是个"嘴甜心苦，两面三刀""上头笑着，脚底下就使绊子""明是一盆火，暗是一把刀"的人物。《巴黎圣母院》中的埃斯美拉达，不仅外表美，内心也善良。而菲比思虽然外表很美，但他却是一肚子坏水，是一个道貌岸然的伪君子，以至于使埃斯美拉达为之倾情，把他比作"太阳神"，甚至发现他很坏，还仍然恋恋不舍。卡西莫多又聋又哑又驼背，容貌很难看，被人称为"丑八怪"，但是他在营救埃斯美拉达的斗争中，却表现出忠诚、勇敢、具有自我牺牲的精神和高尚的品质，他的心灵无疑是美的。

内在美体现着人之美的本质，故而比外在美所形成的美感更加深刻而持久。而外在美所引起的美感常常是变动的、易逝的，带有不确定性，原本以为是美的东西，随着时间的流逝、审美观点的变化，人们会觉得不再美丽。同样，原本以为是丑的东西，人们现在却可能认为是很美丽。这足以可见，外在美是极不确定的，一个人内在的精神竟可以改变世人的审美标准。而这种内在美的精神，事实上，对外在美也会产生重要的影响，"诚于中而形于外"。内在美的精神会自然而然地流露出来，对外在的美产生深刻的影响。

内在美作为一种美的精神，往往具有永恒的价值。一个人的思想行为越有利于社会、他人，个人存在的社会价值就越大、越永恒，他就越高尚、越美。心灵美始终起着决定性的作用。

总之，社会是复杂的，人的内在美与外在美的关系也是复杂的。外在美是内在美的形式载体，内在美是外在美的依据渊源，我们既要具有美的内在精神，又要重视美的外在表现，努力达到内在美与外在美的统一。当外在美不如别人时，我们可以通过加强自身的素质修养和学识的提升等，来增加自己的内在美，同样可以使自己富有魅力，让他人感受到你的灵魂的美丽。因此，一个人美不美，不能只停留在外表美上，而应该侧重于心灵美。

第四节 科学美

一、什么是科学美

科学美来源于自然美，但它不是指大自然的外在的感性美（景色美），而是指潜藏在感性美之后的内在的理性美（理论美）。自然美可以被感官直接感知，科学美不能被感官直接感知，而要在对自然界隐藏的内在和谐进行了观察、研究之后才能体验到。科学美包含理论美、公式美、实验美、内在的形式美和科学研究的创造美等。

科学美在各门自然科学，如数学、物理、化学、生物学等学科中广泛地存在着。千百年来，各门自然科学既告诉了人们真理，也展示了美的光辉。人们在掌握了科学的定律、定理、公式、实验等规律后，就会心满意足、精神愉悦，就会产生一种成就感和自豪感。正如科学家巴斯德所说："当你确实明白了某种事物时，你所感到的快乐是一种最大的快乐。"物理学家杨振宁说："科学美是客观存在的，所有科学家都有这种感受。"可以说科学美带给人们更多的智慧和愉悦。在美的形态中，科学美是最难感受的美，因为要求欣赏者必须具备一定的科学修养，需要更高的想象力和更高的理解力，只有掌握了相关的科学知识，才能领略到这种特殊的美。

二、科学美的特征

（一）和谐

和谐是指事物的各部分协调合度、分配适当、均衡匀称、多样统一。美学家大都主张"美是和谐"。毕达哥拉斯学派的学者们研究发现，长方形的宽与长的比大约为5：8时图形最美。哲学家柏拉图为它命名"黄金比"。这个"黄金比"成为绘画、雕塑、建筑等艺术中，最富审美价值的比例，也是人体、动物和植物优化结构的基础。再如，解析几何把代数、几何和逻辑学有机地统一起来；牛顿力学把宏观运动统一起来；元素周期律把物质世界的元素井然有序地统一起来；生物进化论把几百万种生物起源统一起来等。在自然界进化过程中，凡是能表达自然这种内在特征的理论，都具有美学价值和表现了和谐美。$E=mc^2$深刻而准确地揭示了质量与能量的逻辑关系，表现了精确美、抽象美、逻辑美、统一美，更表现了简洁美。再如，数学中勾股定理$a^2+b^2=c^2$（$a+b>c$），物理中自由落体加速度$g=9.8m/s^2$等公式都体现了简洁美。

（二）对称

科学理论中，对称性的美学意境，引起很多科学家的神往与迷恋。在数学中如中心对称、轴对称、方程与图形的对称等，都给人以美感。但在科学美的意义上，对称美并不局限在客观事物外形的对称，还表现在空间对称、时间对称、形状对称、守恒对称等。数学中，正数与负数，有理数与无理数，实数与虚数，加法、乘法与减法、除法等都体现了对称。物理中，电场与磁场，负电子与正电子，阿基米德的杠杆定律等也都体现了对称。化学中，合成与分解、氧化与还原等也体现了对称。这些科学的理论都是因为有很美的对称形式，给人以圆满、匀称、稳定的美感而受到欣赏。

（三）新奇

科学理论只有具有创新和突破的内容，得出奇特、新颖的研究成果，才具有高度的审美价值。爱因斯坦的相对论规律是这种新奇美的典型。再如，18世纪的生物学家林奈的物种不变的结论；19世纪的达尔文的生物进化论的思想；法国拉瓦锡氧化学说的新理论等，都是科学家长期观察、反复实验、充分想象、进行创造思维而得出的新颖的成果。科学美是以和谐、简洁、对称和新奇作为主要特征的，其中和谐和简洁是科学美的基本特征。

按美的产生和发展条件来分类，以上我们分别分析了自然美、艺术美、科学美等几种形态。现实美是艺术美与科学美"取之不尽，用之不竭"的创造源泉和坚实基础，比艺术美、科学美更生动、更丰富。但其往往是零散、偶然、不集中、不强烈、不鲜明、不完整的，而且还有时空的局限。

艺术美是艺术家把现实美的碎块集中起来，突破时空，重新组合，使之成为更鲜明、更强烈、更典型、更理想的审美对象。科学美是科学家创造性地发现现实美的内在结构和内在规律。现实美和科学美往往和实用相结合，艺术美主要是满足人的精神需要。

第七章 我国高校美育教育发展建议

第一节 突破美育教育规划困境

一、高校公共美育 突破美育教育规划困境

（一）科学美育观念

1.科学合理地认识和理解美育

排除错误认识是科学合理地认识和理解美育的基础。

第一，从特点和功能角度认识和理解美育与艺术教育。美育涉及的内容和范围更广，美育除了包括艺术美之外还包括自然美和社会美。在目的任务角度，美育是在提升情感、完善人格来提升审美能力，是将艺术教育、人文教育、情感教育、审美教育等包含在一起的教育。美育相较于艺术教育专业性较弱。

第二，认识和理解美育和一般美学知识教育的区别。美育不仅仅停留在一般美学知识的普及上，而是更注重行为上和情感上的主体审美引导，对美的热爱、向往和追求通过心灵的美化和人格的完善，通过自己的审美情感实现美的创造。

第三，认识和理解道德教育和美育差异。道德教育和美育两者之间在本质、目的和方法上都不同。

道德教育是道德情感和道德能力教育，道德教育是约束人们行为的规则，这与美育的本质完全不同。美育是关于美的感知、鉴赏和创造能力的教育，让人从中获得心灵的解放和自由。道德教育有着极强的功利性，而美育

则是超越功利的。道德教育以理服人，常借助榜样的力量；而美育则靠启发感悟，重视情感的呼唤。高校公共美育也只有在正确认识和理解美育的本质、特点、功能、途径等内容才能真正在教育实践中发挥重要作用。

2.完善审美教育的社会理念

美育作为人文教育中的情感教育，对学生的全面发展、对健康人格的形成具有极为重要的作用。所以发达国家的一流大学都秉承"没有美育的教育是不完全的教育"的教育理念，越来越重视将美育作为重要组成部分的通识教育、人文教育的范畴包括了人文学科、艺术学科、社会科学，这已经成为哈佛大学本科教育的核心所在，体现在哈佛大学的通识教育的课程设置之中。在我国高校深化教育领域综合改革的关键时期，必须改变漠视人文教育、片面追求科技教育的传统理念，树立"没有美育的教育是不完全的教育"的教育理念，指导我国教育领域综合改革的深入有序推进。

（二）高校公共美育响应国家号召

美育是审美教育，也是情操教育和心灵教育，不仅能提升人的审美素养，还能潜移默化地影响人的情感、趣味、气质、胸襟，激励人的精神，温润人的心灵。美育与道德教育、智力开发教育、体育相辅相成、相互促进。近年来，经过各地、各有关部门的共同努力，学校美育取得了较大进展，对提高学生审美与人文素养、促进学生全面发展发挥了重要作用。但总体上看，美育仍是整个教育事业中的薄弱环节，主要表现在一些地方和学校对美育育人功能认识不到位，重应试轻素养、重少数轻全体、重比赛轻普及，应付、挤占、停上美育课的现象仍然存在；资源配置不达标，师资队伍仍然缺额较大，缺乏统筹整合的协同推进机制。为进一步强化美育育人功能，推进学校美育改革发展，现提出以下意见：

1.指导思想

全面贯彻党的教育方针，以立德树人为根本任务，落实文艺工作座谈会精神，按照《国家中长期教育改革和发展规划纲要（2010—2020年）》要求，把培育和践行社会主义核心价值观融入学校美育全过程，根植中华优秀传统文化深厚土壤，汲取人类文明优秀成果，引领学生树立正确的审美观念、陶冶高尚的道德情操、培育深厚的民族情感、激发想象力和创新意识、拥有开阔的眼光和宽广的胸怀，培养造就德智体美全面发展的社会主义建设者和接班人。

2.基本原则

坚持育人为本，面向全体。遵循美育特点和学生成长规律，以美育人、以文化人，在整体推进各级各类学校美育发展的基础上，重点解决基础教育阶段美育存在的突出问题，缩小城乡差距和校际差距，让每个学生都享有接受美育的机会。

坚持因地制宜，分类指导。以问题为导向，充分考虑地区差异，重点关注农村、边远、贫困和民族地区美育教学条件的改善，加强分类指导，因地因校制宜，鼓励特色发展，坚持整体推进与典型引领相结合，形成"一校一品""一校多品"局面。

坚持改革创新，协同推进。加强美育综合改革，统筹学校美育发展，促进德智体美有机融合。整合各类美育资源，促进学校与社会互动互联，齐抓共管、开放合作，形成全社会关心支持美育发展和学生全面成长的氛围。

3.总体目标

2015年起全面加强和改进学校美育工作。2018年，取得突破性进展，美育资源配置逐步优化，管理机制进一步完善，各级各类学校开齐开足审美教育课程。2020年，初步形成大中小幼美育相互衔接、课堂教学和课外活动相互结合、普及教育与专业教育相互促进、学校美育和社会家庭美育相互联系的具有中国特色的现代化美育体系。

（三）明确定位高校美育教育发展的基本目标

在任何一类教育活动中，教育目标是指对受教育者学习结果的预期与设想。教育目标既是教育活动的出发点，也是教育活动的最终归宿。根据美国教育学家布鲁姆的教育目标分类理论，每一种教育思想都会产生一种潜在的教育目标，教育目标能够反映出教育过程中学生在认知、情感、思想、行为等方面的变化。针对当代对大学生所要求的人文关怀、积极乐观、独立自由、开朗热情、自我创新等特质，高校美育教育发展的设定有以下三个目标：一是提升学生的审美需要。审美需求是审美教育中唤醒审美主体认知的内在动机和审美经验的意识，它在美育的内容中起着一个支柱性的作用。所谓审美经验的意识，类似于李泽厚先生《美的历程》中提到的审美的历史，即囊括音乐、戏剧、舞蹈、工艺、美术等艺术的历史。二是培养学生全面的审美情感和审美判断、协调学生人格中感性、理性等因素共同发展，并形成各要素之间和谐统一。加强审美教育在协调学生人格发展中的现实作用。三是引导学生形成稳定化、普遍化的理想人格结构，逐步促使适应当前社会发展的时代人格品质的形成与确立。这既是审美需要层次提升的结果，也是审美判断和审美情感处于高级阶段的确证。

二、高校美育教育实行全面审美教育课程设置

（一）增加美育通识课程设置

大学生美育的主阵地是在学校，为破解大学生美育的困境，首先要着手从学校教育开始改革。19世纪美国博德学院的帕卡德教授提出通识教育的主要目的在于全面提高大学生自身的思想道德修养，而不仅是单纯地向学生们传授某一专业领域的知识。通识教育是当今大学一种主要的教育方式，同时也是一种人才培养模式。通识教育的目的是培养学生能独立思考的能力且对不同的学科有所认识，以至能将不同的知识融会贯通，最终目的是培养出全面发展的人。

通识美育课程是以全体学生为对象，具有普及性教育功能的课程。具体而言，是指以全校学生为教育对象，以提高审美素质为基本起点，以普及美育教育基础知识为主要内容，以塑造审美意识，发展审美能力，提高审美表现，促进审美创造为目标的课程。通识审美教育课程以公共课的形式，纳入全校通识课程体系，并具有普遍性、广泛性等特点。构建科学的通识审美教育课程体系是切实推动美育教育向纵深发展的前提与基础。

（二）合理设置审美教育课程

第一，为课程设置多种多样的形式。美育课程设置，最重要的就是美学理论、美学史论这些理论类的课程，这些课程为学生们提供了关于美的基础

知识，为进一步认识分析和欣赏美奠定基础，也为审美观的形成提供理论依据，是审美理想的树立的标准。此外，由于美育是学生对美的感受、欣赏和创造能力的培养，因而，只要能涉及这些的相关内容，例如，美术欣赏、音乐欣赏、舞蹈教学、建筑欣赏、体育舞蹈、摄影以及影视作品评析，这些都是涵盖在审美教育课程教学范围内的重要内容。

第二，为课程提供广泛的生活性的内容材料。目前美育不能成为艺术教育，因为美育的范围更广，还包括自然美和社会美的教育。那么审美教育课程就要将自然美和社会美的内涵渗透到课程当中，让学生在日常生活中的衣、食、住、行等各个方面都能体会美。

第三，针对不同专业设置不同的审美教育课程。一方面，由于文史类和理工类的课程教学内容的不同，在审美教育课程的专业设置中也要相应地做出调整。例如为了满足全面素质人才培养的要求，文史类专业的学生设置一些工艺审美内容，以弥补文史类学生对于理工科审美内容的缺失。那么同样理工科专业的学生，在美育课程设置中，应该设置一些蕴含人文素养的审美教育课程。另一方面，无论是自然科学蕴含的丰富美育因素，还是人文科学蕴含的美育因素，学科教学的内容和形式都不是固定的，教学方法也不是千篇一律的。

此外，在高校公共美育的教学过程中各个环节也要涉及美育，而且涉及教学各个环节的美育的直接因素也很可能直接地影响到学生的美育教学活动。例如，教师的语言美、仪表美以及教师教学过程中的人格魅力，以及教师在教与学过程中挖掘的课程内容相关的美学因素，也能在教学的渗透过程中，直接影响到美育的教学效果。高校公共美育应该采取积极的主动的措施来影响学校教育的各个方面。特别是学校教育的课程的教学过程，确保学生在钻研专业知识的基础上能够在课堂上，感觉到专业课程教学所蕴含的美学因素，能够在课堂中享受美，达到以美益智的效果。如文科和理科应有所不同，在专业上可以多设置一些工艺审美的内容以应用到以后的工作当中。

不论是人文学科，还是自然科学，都蕴含丰富的美育因素，并存在于诸学科的内容与形式的一切方面，如在建筑专业学科里，建筑是凝固的音乐，音乐是流动的建筑。与此同时，高校教学各个环节乃至教育的全过程都蕴含着丰富的美育因素，如高校教师的仪表美、语言美等。因此，在高校智力开发教育过程中应充分发掘各门学科教学中蕴含的美的因素。高校公共美育要主动向学校教育各领域渗透，尤其要深入到学校教育的各类课程的教学之中，刻苦钻研教材，精心组织教学，以高超的艺术使学生感到上课是一种惬意的审美享受，以美益智。

三、创设深化审美教育的发展环境

建立美育网络资源共享平台。充分利用信息化手段，扩大优质美育教育资源覆盖面。加强美育网络资源建设，加快推进边远贫困地区小学教学点数字教育资源全覆盖。支持和辅导教师用好多媒体远程教学设备，将优质美育资源输送到偏远农村学校。充分调动社会各方面积极性，联合建设美育资源的网络平台，大力开发与课程教材配套的高校审美教育课程优质数字教育资源，鼓励各级各类学校结合"互联网+"发展新形势，创新学校美育教育教学方式，加强基于移动互联网的学习平台建设。

注重校园文化环境的育人作用。各级各类学校要充分利用广播、电视、网络、校园设施等，营造格调高雅、富有美感、充满朝气的校园文化环境，以美感人，以景育人。要让社会主义核心价值观、中华优秀传统文化基因通过校园文化环境浸润学生心田，引导学生发现自然之美、生活之美、心灵之美。进一步办好大学生艺术展演活动，抓好中华优秀传统文化艺术传承。学校与基地建设，各地要因地制宜探索建设一批体现正确育人导向、具有丰富文化内涵的校园文化美育环境示范学校。

第二节 优化美育教育内容

一、深化审美教育理论研究

审美教育是一个封闭的系统，而且审美教育也是在整个学校教育过程中不断渗透实现其思想理论与行为方式的融合。因此，审美教育系统的有效运行离不开学校系统教育。在审美教育实施过程中，根据社会教育的发展，不断调节审美教育教学措施，利用影响审美的各个因素，以及学校教育中的各个环节实现审美教育最佳效果。因此，深化审美教育理论的研究作为理论基础，必须被放在首要位置。

（一）深化审美教育理论研究，适应社会发展的需要

审美教育活动的有效运行，必须适应社会发展需要。社会的推动，即社会实践对审美教育提出的要求，始终是审美教育有效运行，取得效应的前提是审美教育必须依据社会实践的要求进行，并把这种要求转化为自己的自觉活动。就我国现实而言，社会主义现代化建设的伟大实践，社会主义物质文明精神文明建设的伟大实践，要求审美教育为培养全面发展的人服务，为社会培育全面的人才，也正是审美教育的社会目标和方向。同时，审美教育的实施不仅是对于学生进行审美教育，而是要约束教师、学生以及参与审美教育的各个环节的确保其有效运行，共同进行审美的提升，以及审美创造能力的培养。这也是社会对于审美教育的需求。这种势头不能超越学校审美教育与活动的承受范围以及承受能力。确保审美教育活动在自主的学校教育范围内有效实行，成为审美教育研究的推动力和调节力。

（二）深化审美教育理论研究，以教育整体依托

作为高校教育的一个子系统，高校审美教育与其他教育必须紧密地联合在一起，形成一个完整的系统。并且确保审美教育在这个系统中能够与共同目标相融合。从整个教育体系的有效运行来看，把握审美教育是整个系统活跃的一个重要部分，而且也是不可或缺的依赖。首先审美教育依赖于其他教育活动，在其他学校教育实施活动过程中不断提升学生的审美价值、道德理论实践性、行为能力、智力发展、逻辑思维方式、知识结构和审美素养。通过审美教育，促进学生的情感净化以及审美情感升华。审美教育为体育和劳育提供一种精神支撑和意志力，作为这两种教育顺利开展的精神支撑和动力支持。同时，运动技巧和运动操作技能也为审美教育提供感性的条件，不仅

有助于学生审美素养的提高，而且还能为审美创造力的培养奠定基础。

高校公共审美教育不仅需要适应社会的需求，需要整个教育系统和学校教育的支持，还需要一些自身的审美运行机制进行调节。在此重点强调审美教育的有效运行内在机制，主要包括审美教育的施教者，高校审美教育的受教者，以及审美媒介。其中，受教者，也就是学生，处于课堂教学的主体，在审美教育过程中处于主体地位。因此只有学生积极地进行自我调节，以配合审美教育的实施，才能确保审美教育达到最好的效果。而教师主要的工作就是在教学过程中调节学生与课堂之间的关系，确保学生在课堂教学过程中以及其他课堂实施过程中，能够感受审美价值和审美素养对于学生自身发展的重要性。这就要求教师必须要了解学生的审美需求以及审美能力，减少学生与课堂教学内容之间因不协调而产生的矛盾。教师还需要在教学过程中选择教育目的和教学方法，适应学生的需求，才能实现因材施教的审美教育，才能确保学生在学校教育过程中通过审美媒介，进行审美经验的积累，以达到审美能力的提升。

审美受教者也必须了解审美教育目的、审美施教的要求以及审美媒介的性质，根据自己的审美需要和审美能力，通过观照和操作去感受、领悟审美媒介的审美价值，唤起审美经验，以落实和实现审美教育目的。卓有成效的审美施教，始终应当考虑到审美教育者个性的差异，考虑到审美媒介的多样性，以及由此而造成的审美教育情境的变化，因而应该根据实际情况，不断采取灵活形式，调节审美教育系统活动，使之有效运行。不能居于一种固定模式，使审美教育活动失去活力和运行的有效性。

二、加强审美教育课程体系建设

（一）科学定位审美教育课程目标

学校审美教育课程建设要以艺术课程为主体，各学科相互渗透融合，重视审美教育基础知识学习，增强课程综合性，加强实践活动环节，要以审美和人文素养培养为核心，以创新能力培育为重点，科学定位学校审美教育课程目标。

普通高校审美教育课程要满足学生不同艺术爱好和特长发展的需要，体现课程的多样性和可选择性，丰富学生的审美体验，开阔学生的人文视野。特殊教育学校审美教育课程要根据学生身心发展水平和特点，培养学生的兴趣和特长，注重潜能发展。将艺术技能与职业技能培养有机结合，为学生融入社会、创业就业和健康快乐生活奠定基础。职业院校审美教育课程要强化艺术实践，注重与专业课程的有机结合，培养具有审美修养的高素质技术技能人才。普通高校公共审美教育课程要依托本校相关学科优势和当地教育资源优势，拓展教育教学内容和形式，引导学生完善人格修养，强化学生的文化主体意识和文化创新意识，增强学生传承弘扬中华优秀文化艺术的责任感和使命感。

（二）完善审美教育课程建设

加强审美教育课程建设，就必须认真研究审美教育课程设计的科学性和有效性，力求做到针对性、规范性、系统性的有机统一，实现课程设置、教学目标、教学方式和考核办法的内在统一。笔者构建了适合普通高校的"扇形模块"审美教育课程体系，使审美教育贯穿学生第一、第二、第三课堂。具体而言，就是把审美教育理论课程作为必修课来夯实第一课堂，审美教育鉴赏课程作为选修课来补充第一课堂，审美教育实践课程作为创新载体来丰富第一、第二、第三课堂，切实加强和提高大学生的人文素养和综合素质。

1.美育理论课程

审美教育理论课程就是位于扇形底部的端点，是基础部分，主要解决"什么是美？为什么审美？如何审美？"三大问题，是提高大学生对美育理论和人文知识了解的普及课程。参考教育部推荐的国家重点教材，结合普通高校的专业特点和实践经验，主要开设以《美育与鉴赏》为主的理论课程，使之成为适合所有学生的必修课。

2.美育鉴赏课程

美育鉴赏课程是扇形模块的支撑和拓展，使纯理论走向具体的审美途径。主要开设《音乐鉴赏》《书画鉴赏》《影视鉴赏》《服饰艺术》《戏剧鉴赏》在内的五位一体的课程，作为第一课堂的延伸，学生可根据自己的兴趣爱好，有选择性地选修一门或两门。

3.美育实践课程

美育实践方面的课程是课程体系的最终目标和重要环节，是课堂教学的有效延伸。这个实践范畴包括艺术课程本身的实践内容，比如参观书画展览、聆听音乐会、观看艺术展演等；同时还应该涉及第二课堂、第三课堂，利用校园文化和社会实践等各种载体，结合大学生专业学科背景进行实践活动，比如举办专业知识竞赛、文艺汇演、书画摄影比赛、演讲比赛等活动，借助学校团学组织的力量，利用青年节、妇女节、教师节、母亲节、重阳节等节日契机，或者不同时期不同主题的党建活动、团日活动为载体，进行全面全程全方位的渗透，让学生在理论的基础上进一步体会、深化和运用美育元素，达到润物无声的教育效果。

（三）深化学校美育教学改革

建立以提高学校美育教育教学质量为导向的管理制度和工作机制。按照国家规定的不同学段审美教育课程设置方案、课程标准以及内容要求，切实强化美育育人目标，根据社会文化发展新变化及时更新教学内容，开发利用当地的民族民间美育资源，搭建开放的美育平台，拓展教育空间。开展多种形式的国际交流与合作，各级各类学校应根据自身条件和特点积极参与中外人文交流。依托现有资源，加强学校美育实践基地建设，取得一批美育综合改革的重要成果，发挥辐射带动作用，推动学校美育的整体发展。

（四）加强美育的渗透与融合

将美育贯穿学校教育的全过程，渗透在各个学科之中。加强美育与道德教育、智力开发教育、体育相融合，与各学科教学和社会实践活动相结合。挖掘不同学科所蕴含的丰富美育资源，充分发挥语文、历史等人文学科的美育功能，深入挖掘数学、物理等自然学科中的美育价值。大力开展以美育为主题的跨学科教育教学和课外校外实践活动，将相关学科的美育内容有机整合，发挥各个学科教师的优势，围绕美育目标，形成课堂教学、课外活动、校园文化的育人合力。

三、应注意的两个问题

一是教学目标与专业艺术教学要有明显的区别。通常情况下的艺术专业教育在于培养艺术家的技能技巧，以及创作手法，创作方式和美术的绘画功底以及音乐的歌唱技巧等相关的技能技法培训。而普通高校公共美育教学则重点在于培养大学生的艺术素养和艺术境界，提高审美能力，并不在于培养艺术家。因此，普通高校公共美育教育的目标是通过教学，使大学生在学习、欣赏和实践活动的过程中树立审美理想、培养创新思维、重塑个人价值、健全健康人格。

二是教学手段和教学方式与其他课程教学相比要更趋多样和丰富。美育教学要重过程轻结果，将引导、启发、渗透、融合贯穿教育教学的全过程，在教学过程中努力激发学生审美的感受力、把握力、想象力、创造力等。可以采用不同形式的教学方法，比如：讲授法、讨论法、演示法、实习法、体验法等，让学生自觉自愿地参与到教学活动中来，培养一种良好的学习态度，从而更好地转化对专业知识的学习和兴趣。

第三节　创新美育教育模式

一、构建多元化的审美教育模式

（一）优化审美教育课程模式

高等院校的美育类课程应该形成一个综合、系统、有序的课程体系。优化审美教育课程设置是切实提高美育教学效果的重要保障。通识审美教育课程要改变传统的教育模式，构建多元化的课程体系。

首先，在课程形式和课程安排上，通识审美教育课程在设置上应选择公共必修课和公共选修课相结合的方式，既能保证全体学生都修习审美教育课程，同时又可以让学生根据自己的兴趣爱好和审美需求进行自主选择。课程安排主要是指各门课程开设的具体课时、学分和年级等方面的设计与规定。在开设时间的安排上，可以针对不同年级的特点开设不同类型的通识审美教育课程。面向大一、大二学生主要开设基础性、导向性的必修课，面向已经习得与美育相关的基本观念、知识和能力的大三、大四学生主要开设能够满足不同层次需求的通识审美教育课程。在通识审美教育课程体系中尝试将美育与其他看起来不相关的学科有机结合起来，将美育与生物、数学、机械等专业联系起来，将美育与哲学、法学、历史等学科联系起来，发挥各自的专长及优势，让每一位受教育者可以从这种创新的美育中获得全新的感受。通过这种多元化的通识审美教育课程体系的培养，让每一位大学生都具有良好的审美情趣和高尚的道德情操。

其次，在教育方法上，通识审美教育课程在教育中要坚持理论与实践相结合。以美成人的教育目标不仅要让学生了解美的知识，还要让学生在教育活动中培养感知美、创造美的能力。传统的课堂只单纯地强调理论知识，忽视了学生的主观能动性，使美育没有达到预期的教育效果。通识审美教育课程开展具有实践性、自主性、创造性、趣味性等特征的活动课程，让学生在活动中切身体验到美，并学习创造美的能力。通识审美教育课程既要有知识的传授，也要有技能的培养，既要有审美观念的转变，也要有实践能力的锻炼。

最后，在美育的教材方面，通识审美教育课程的教材需要符合当今国内高校的培养目标和大学生的实际需求。西方美育教育理论体系已经较为成熟，通过对西方的美育教育理论的分析与总结，客观地认识到西方美育的优点和不足，结合中国传统文化，从而形成中国特色的本土化理论。在教材内容的选择、组织和编写上既要重视实用性知识，又要保证实践经验的有效传授。美育教材在理论上应深入浅出，要重视知识的实用性和可读性的结合，致力于帮助学生树立健康良好的审美观念，培养其发现美、感知美、创造美的能力。

（二）创新艺术人才培养模式

专业艺术院校要注重内涵建设，突出办学特色，专业设置应与学科建设、产业发展、社会需求、艺术前沿有机衔接。加强社会服务意识，强化实践育人，进一步完善协同育人的人才培养模式，增强人才培养与经济社会发展的契合度，为经济发展、文化繁荣培养高素质、多样化的艺术专门人才。遵循艺术人才成长规律，促进艺术教育与思想政治教育有机融合、专业课程教学与文化课程教学相辅相成，坚持德艺双馨，着力提升学生综合素养，培养造就具有丰厚文化底蕴、素质全面、专业扎实的艺术专门人才。

二、推进美育教学团队建设

优良的师资队伍是保障教学正常、有序、有效进行的先决条件，也是美育教学团队建设有力的保障和支撑。在以综合素质和能力培养为中心的通识美育的要求下，高校必须建设具有高素质的师资队伍，以保障课程的顺利实施。要着眼于各个高校不同的情况，充分发挥各自的师资特色和优势，把专职和兼职结合起来，把培养和引进结合起来，把进修和培训结合起来，努力打造一支结构合理、梯队明显、分工协作的优秀美育教学团队。

第一，以专职化、专业化为目标方向，努力确保美育师资队伍的数量和质量。

审美教育课程的教师要具有深厚、广博的美学知识与美育专业技能，树立审美化教育观念，通过现代教学手段来提高学生的学习积极性，通过教学方法的改进和教学内容的丰富来提高教学质量，通过教学和评价体系的完善来改善教学效果，结合现实条件，创造性地组织好课内课外教学。

在高校开展正常的美育，再到深化美育，必须有一定的师资力量为条件。在师资队伍中，扩大专职美育师资，努力使美育教师具备专业背景、专业素质、专业水平、专业技能，是重中之重的事情。同时，也要考虑博采众长、互通有无，让校内不同专业学科的教师积极参与美育，在充分发挥自身专业优势的同时，也加深对美育的了解。当然，还要积极打破学校之间的壁垒和限制，利用高校园区、友好学校等各种形式到校外择聘懂得美育知识和具有美育实践经验的兼职教师。

第二，以自我培养、自我提高为主要途径，不断提高美育师资队伍的整体素质。

美育的实践需要深化，美育的知识也需要更新，这就要求美育师资队伍进行再学习、再提高。主要可以通过两种方式：一种是把本校的美育教师送出去进修培训，既可以是专题、短期的进修培训，也可以是较长时间的深造学习，使美育教师的教学理念及时更新、教学手段与时俱进。另一种是把美育方面的专家学者请进来授课讲学，使广大美育教师不出校门就能开阔视野、陶冶情操、增长知识。

审美教育课程的教师要加强自身的审美修养。教师要"做先进生产力和先进文化发展的弘扬者和推动者，做青少年人健康成长的指导者和引路人，努力成为无愧于党和人民的灵魂工程师"。当代高等教育要求教师具有较高的审美素质，全面发展的创新型人才要由具有强烈的审美情怀和育人情怀的教师来培养。目前，我国高校很大一部分教师的知识结构存在明显欠缺，自身的审美素养偏低。教师应注重提高自身的审美能力，全面地塑造自己。

审美教育课程的教师要注重自身外在行为修养的提升。教师对学生的影响是深远的，大学时代是大学生各种品质特性成型的关键时期，教师的仪容仪表如穿着品味、生活风格等也会直接影响学生的审美追求。教师们需注重"言传身教"向学生们传递审美的正能量。

第三，以理论联系实际为检验标准，定期考核评估审美教育师资队伍建设的成效。

对审美教育教师的要求主要有两个方面：一个是要掌握丰富的审美教育理论和审美教育知识，有足够的资源传授给学生。另一个是要具有一定的审美教育实践经验，能够很好地开展审美欣赏实践训练。因此，看审美教育师资队伍建设的成效如何，归根结底要看培养了多少理论与实践相结合的审美教育教师。

第四节　整合美育教育考核机制

一、创建适合美育发展的考核机制

（一）灵活设置学校审美教育考核模式

学校美育教育考核要避免单一的书面考试和简单的分数评价模式。可以采取撰写实践体会、课堂表演和作品赏析相结合的灵活考核模式。例如，目前，国外不少高校开始采用情景评价来代替传统的考试，对审美教育、艺术教育进行教学评价。情景评价作为代替教育考试的评价方式的依据和标准并不是以智力因素为主，它更侧重于学生的非智力因素。代替死板的知识技能考试模式，学生能够参与情境过程，在这样的评价过程中，体现自己的审美观点突出学生的审美表现。教师依据在情境中的观察和公正的评价，对学生进行考核，然后根据学生的表现提出学习的客观建议，确保学生下一阶段学习效果。我国普通高校公共审美教育的评价应当借鉴这种方法并进行必要的实践。

（二）调整审美教育的运行机制

构建以"全面育人"为目标的审美教育运行机制，要形成"全面育人"的审美教育目标，必须构建行之有效的高校公共审美教育运行机制。这不仅需要高校内部各级管理体制明确职责、合理分工，还要注意国家、地方和高校之间的相互联系、相互作用。建立科学有效的审美教育运行机制是当今国家培养全面发展的人才的基础性工程。

首先，切实保障大学生审美教育制度的建设。国家不仅要在政策上支持审美教育的发展，还应在法律上保障高校公共审美教育在教育中的法律地位，建立健全教育方针中审美教育的相关法律内容。

其次，地方各级教育部门应积极及时地贯彻落实国家政策。中央站在全局的高度做出的关于审美教育的部署，如果不能得到地方各级教育部门的真正执行与落实，就无法有效发挥其作用，无法有效地促进审美教育的发展。地方各级教育部门要认真落实国家对审美教育的各项有关资金、政策方面的支持，推动重点项目合作、重大课题研究等，采取有力措施促进高校公共审美教育的发展和建设。地方各级教育部门更应因地制宜，通过灵活的方式推进审美教育政策的落实，高度重视和关注审美教育的发展。

最后，完善高校公共审美教育管理制度。审美教育是一项复杂的教育活动，高校的领导者和教育者必须充分认识到审美教育的重要性，各有关部门密切配合，齐抓共管，并要加大舆论宣传的力度，在全校范围内形成浓郁的审美教育气氛。《国家中长期教育改革和发展规划纲要（2010—2020）》中指出："要建设健康的、生动的校园文化，树立良好的校风、学风，使学校成为建设社会主义精神文明的重要阵地。和谐良好的校风、学风可以让学生在耳濡目染中形成正确的审美观念，提高审美认知能力和审美能力，学会感知美、创造美，培养全面发展的社会主义接班人。"同时加大对审美教育在物质方面的投入，充分考虑到审美教育实施中需要的教学场所、必要的器材和设施以及图书等经费的计划，确保教学的顺利开展。

二、创建科学的审美教育协调机制

（一）探索建立学校审美教育评价制度

各地要开展高校艺术素质测评，抓好一批试点地区和试点学校，及时总结推广，发挥示范带动作用。实施学校审美教育工作自评制度，学校每学年要进行一次审美教育工作自评，自评工作实行教师负责制，纳入教师考核内容，并通过教育官方网站信息公开专栏向社会公示自评结果。制定符合高校艺术专业特点的教育教学评价标准。建立学校审美教育发展年度报告制度，各级教育部门每年要全面总结本地区各级各类学校审美教育工作，编制年度报告。教育部应委托第三方机构研究编制并发布全国学校审美教育发展年度报告。

（二）建立审美教育质量监测和督导制度

学校审美教育课程开课率已列入教育现代化进程监测评价指标体系之中，各地要将其作为对学校评价、考核的重要指标。要在国家基础教育质量监测中，每三年组织一次学校审美教育质量监测。鼓励各地运用现代化手段对审美教育质量进行监测。各级教育督导部门要将审美教育纳入督导内容，定期开展专项督导工作。

（三）探索构建审美教育协同育人机制

以立德树人、崇德向善、以审美教育人为导向，加强对家庭审美教育的引导，规范社会艺术考级市场，强化社会文化环境治理，宣传正确的审美教育理念，充分发挥家庭和社会的育人作用，转变艺术学习的技术化和功利化倾向，营造有利于青年成长的健康向上的社会文化环境。建立学校、家庭、社会多位一体的审美教育协同育人机制，推进审美教育协同创新，探索建立教育与宣传、文化等部门及文艺团体的长效合作机制，建立推进学校审美教育工作的部门间协调机制。

三、优化大学生的审美心理机制

一部人类文明的发展史，就是一部人类自我教育、自我塑造的历史。基于美学视角而言，就是按照美的自然规律进行的审美心理塑造实践的历史。古老的神话传说，浩繁的文化典籍，同样向我们传达着前人审美心理的种种信息。人类审美心理的生成发展，就像一条延绵不断的历史长河，人类对自我审美心理的对照、审视和塑造，正是这历史长河中亘古不息的涛声。

由审美感知、想象、理解、情感所组成的审美心理结构，又与智力结构、意志结构联系紧密要塑造和提高人的审美心理能力，必须先从审美心理结构与智力结构、意志结构的关系入手。

1.审美心理结构与智力结构、意志结构的关系

审美心理固然有自己的特殊规律和功能，但不经由人类整个文化心理结构的审美、艺术创造和欣赏都是不存在的，人类的文化心理结构包括智力结构（真）、意志结构（善）和审美结构（美）。

　　第一，人类的文化心理结构就其机能形式而言具有某种持续性、稳定性、共同性，但就其活动的经验内容而言，却又是历史的、具体的，这就决定着它们绝不是静止的、死板的图表，而是随着不同时代的不断发展而变化着，普遍的结构形式总是和不断发展的社会内容联系在一起的。拿审美心理结构而言，艺术作品所以能具有永恒的魅力，现代人所以能欣赏古典艺术作品，就是由于人类的审美心理结构形式具有普遍性、共同性。当然由于人类的审美心理结构的内容又是具体的、历史的，因而，不同历史时代不同民族所感受到的社会内容和情调又是不相同的。人们在欣赏李煜的"流水落花春去也，天上人间"的词句时，对人世沧桑的无常多变发出无可奈何的感慨，包含着人生普遍的感叹。李煜词中表现的是一个亡国之君的感受，但却也打动了一般人而引起回应，这就是审美的普遍性和共同性。然而，这种普遍的共同感受，又始终渗透着一定的时代、一定的民族、一定的阶层的审美意识。李煜的人生感叹，终究带有帝王的情调、色彩，与广大人民群众的人生感叹仍然是有区别的。

　　第二，就它们的相互关系看，作为"真"的智力结构，它包括知识、科学、技术；作为"善"的意志结构，它包括思想、信念、道德；作为"美"的审美结构，它包括情感、审美、艺术。它们作为人类心理的普遍形式，落实在个体心理上，构成创造性的心理机能，是既相互联系，又存在矛盾的网状动态结构。智力结构可走向自由直观，科学的形式美可以渗透对宇宙普遍形式的沉思和把握，科技中可以渗透人世间的诗情美意，充满着人文精神。人类可以通过直觉、美感等非逻辑思维的引导发现真理，这就是以美启真。在这样的转化过程当中还将审美感性冲动的盲目性，转化为理性的自由自觉地融合。再通过道德的他律逐渐演化为道德的自律，也就从自由的意志转变为超道德的本体，这被称之为"以美储善"。

　　审美结构可走向自由享受（亦即审美自由）。这里审美心理结构起着中介、桥梁或高层次的沟通作用，连接着智力结构和意志结构，使三者之间不是对抗和分裂，而是相互作用和彼此渗透，从而形成人类完整的文化心理结构和个体的完整人性。有了这种创造性的心理机能，人类才能有高超的全面素质和非凡的创造才能，人类在改造客观世界中才能自由地生存。

2.提高审美能力应从培养人的全面素质着手

如何才能提高人的审美心理能力？由于审美心理结构与智力结构、意志结构联系在一起，提高审美心理能力不能只从它本身下手，还应从培养人的全面素质下手，比如经验素质、知识素质、思想素质、道德素质、审美素质、艺术素质等。

就培养提高审美或艺术素质来看，最主要的是学习美学知识和艺术理论，参加审美或艺术活动，特别是艺术欣赏活动。在艺术欣赏中引导大众主要欣赏优秀的艺术作品。歌德讲人的审美能力的培养不是靠欣赏中等作品，而是靠欣赏最好的作品。当然，这并不是说排斥欣赏通俗的艺术作品。"阳春白雪"和"下里巴人"各为不同层次的欣赏者所喜欢，甚至"下里巴人"的通俗音乐在一定时期、一定范围更易于接受和流行，拥有更多的听众。但艺术作品审美价值的高低、不能单纯以一定时期欣赏者的多少来决定。艺术品的通俗固然可降低审美接受的难度，但往往容易导致审美感受的弱化或浅层化；而艺术品的高雅，可能会增加接收的难度，但又可导致审美感受的强化和深化，更有利于审美心理能力的培养和提高。引导大众看影视，也首先要注意欣赏经典作品和主题鲜明、反映时代精神的影视作品，但对于一些通俗影片也不能报以排斥的态度。人的心灵是非常丰富和复杂的，它需要各方面的文化营养才能培养起来，而各种层次高低不同的艺术就起着这种作用。

3.审美实践是塑造审美心理的唯一途径

马克思说："对于没有音乐感的耳朵而言，最美的音乐也毫无意义。"这说明，人的审美能力的高低，关系到人们能不能欣赏、接受艺术品，关系到艺术品能不能发挥自己的审美潜能和实现自己的价值，因此培养和提高人们审美心理能力的水平，就成为审美、艺术欣赏和创造活动至关重要的前提。而培养和提高审美心理能力的唯一途径，就是不断地进行审美实践。

第一，人要成为审美的主体，需要在长期的审美实践活动中培育自身的审美能力。审美能力是以审美心理为核心的全面的审美素质，包括进步的审美理想、健康的审美趣味、完善的审美情感以及审美体悟、审美构造的能力等。审美主体的塑造，不仅包括把人培育成为审美的人，即马克思所说的"创造着具有人的本质的全部丰富性的人，创造着具有深刻的感受力的丰富的、全面的人"，而且还包括把人的生活提高到审美的水平。人不只是在艺术活动中才创造美和欣赏美，美和艺术应成为人们的日常生活的本质，人日常的生活方式、交往方式、工作方式等都能向审美升华，使日常生活能够超越那种粗陋的实际需要而成为艺术化的、诗意的生活，即真正的人的生活。

第二，人必须通过审美的实践活动，使自己周围的世界成为审美的世界。这就是马克思所说的"自然的人化"或"人化的自然"的问题。这里，既指人用自己的力量把一部分自然改变成"为我"的自然，让自然为人提供物质和精神的享受，同时也指人把整个世界变成自己的审美对象。这样，整个围绕着人的世界，包括社会和自然。

第三，人必须使自身与整个世界在实践活动中建立起审美的关系，这种关系是一种相互尊重、和睦友好的关系。马克思认为，这才是自由的王国，只有在这个王国中，人才与自己的同胞、与自然界彻底地融合为一体。审美是完美人性的闪光，是爱心的流露。美感其实就是一种爱感。没有对审美对象的爱，就没有对审美对象的欣赏。

4.塑造审美心理应适应当代的审美要求

（1）要适应当代科学技术的发展

随着科技的发展和现代生产的进步，一些崭新的设备、媒介、手段和载体出现在我们的生活当中，为我们的审美心理能力的开辟提供了技术支持和设备保障。尤其是伴随着信息网络化、数字化、智能化、全球化进程的高度发展，人们可以不进图书馆、博物馆、展览厅和课堂，在多媒体的电脑中就可以调出世界的百科全书，观看世界各国的艺术珍品，了解各国的政治、思想、科技以及时代风云种种信息。那些不能到现场的观众也可以看到艺术家的精彩表演，艺术作品的媒介也获得勃勃生机和崭新的文本，使科技与人文的结合有了新的表现。多媒体可以合成各种动听的音乐、好看的动画，创造稀奇古怪的小说，可以为电影逼真地再现现实世界的各个方面，在虚拟的画面中出现恐龙和始祖鸟以及各种难以想象的艺术形象，使人们在五彩缤纷的艺术世界中提高自己的审美心理能力。可以肯定，当代人的审美心理要应对现代化，面对世界和未来，否则就难以提高和发展。

（2）要适应当代的快节奏和高速度

在当代高科技发展的进程中，社会生产、生活、工作的节奏都加快了，审美心理就必须与之相适应。为什么当代许多青年人不爱看古老的地方戏？这除了他们本身的素质外，还因为戏曲的节奏太慢了，感到和所处的时代不协调。当然，这与青年人的年龄与活跃的心情有关，但这毕竟也反映出当代对审美心理要求的一种趋势。当代的快节奏和高速度还要求人们不但能欣赏和谐的、优美的东西，而且也要求人们能欣赏不和谐的美。现代艺术往往以不和谐、扭曲变形的形式为主，使人首先感到丑、不舒服、不愉快，但又从这种不舒服、不愉快中得到一种审美愉悦。柴可夫斯基曾说，不和谐音就是一种伟大的力量，离开不和谐音就无法表现一切受难和痛苦了。人们从欣赏和谐、优美的东西，到能欣赏某种故意组织起来的不和谐、笨拙、丑陋的东西，不是心灵的退步，而恰恰是人的审美心理能力的一种进步和提高。

（3）要适应人自然化的倾向

当代的人们从人类对自然的无限索取的惨痛教训中，深深认识到要保护大自然，维护大自然的生态平衡，要把大自然作为人类生存可持续发展的栖身之地，作为人安居乐业、修身养性的美好环境。随着工业化与城市化进程的加快，人们生活在车水马龙和钢筋水泥的建筑环境之中，与大自然隔绝，也越来越向往回归大自然，更加把自然景物作为欣赏的对象，寄情山水，乐于观景，喜爱去森林、海滨、河流、山川、自然保护区，去亲眼观赏大自然的美丽景色，沐浴在大自然的清新环境中，投入大自然的绿色怀抱中。这就要求人们的审美心理与大自然相适应，在人自然化中，提高人们对大自然的审美心理能力。

（4）要有较强的审美欣赏能力

在当代社会生活中，由于开放、交流以及人们审美心理能力的提高，越来越要求艺术的多样化和创新，于是各种艺术流派就都有大显身手的天地，但其中既有鲜花又有杂草，甚至还出现了种种丑恶的艺术行为。在当代开放和包容的社会中，各种艺术流派流行更新势不可挡，从根本上说，我们只有提高审美欣赏力、判断力，才能识别其中的真善美和假恶丑。

第五节　促进审美教育可持续发展

一、开展多样化的审美教育文化活动，推进高校美育教育综合发展

生活的环境对受教育者的影响是在无意识的、不自觉的情况下产生的，通过身边活生生的美的事物、各类无形的文化对受教育者进行熏陶、感染，从而使其接收到审美教育。

柏拉图曾说过："就应该找一些有本领的艺术家，把自然的优美方面描绘出来，青年们像住在风和日暖的地带一样，四周一切都对健康有益，天天耳濡目染于优美的作品中，像从一种清幽境界呼吸一阵春风，来接受它们的好影响，使青年们不知不觉地从小就培养起对于美的热爱。"社会、家庭和学校构成了大学生生活的整个环境，对于大学生而言，校园是他们学习和生活的主要场所，具有校园特色的人文氛围、校园精神和生活环境是审美教育的重要外部因素，同时，也对大学生人格养成具有重要的作用。因此，大学审美教育中的环境熏陶的主要载体就是校园文化。大学生的健康成长离不开健康的校园环境，大学生的素质教育离不开良好的校园文化氛围。首先，建设良好的校园环境，让学生一接触便感到赏心悦目、舒适得体，这会引导人的审美情趣、审美格调的提升，是一种强大的教育力量。具有一定文化、观念的和谐的建筑构造，绿树婆娑、花木扶疏的校园绿化，干净、整洁的教学生活环境让学生在校园的每一处都能感受到文化、文明和美。其次，校园文化活动的开展为学生发现美提供了很好的途径，能大大增强学生的心理体验。发现美是审美的前提。品牌就是方向，品牌就是形象。一个品牌校园文化活动背后所体现的深刻内涵，不仅仅是学校办学理念的浓缩，更代表了学校培养人才的方向，而且是学校形象的体现。校园文化活动是大学生审美教育的重要载体之一，校园文化作为学校教育的重要组成部分，是学生进行人格养成过程中的环境、氛围因素，也是最普遍的教育载体。最后，在学校

中，良好的校园文化氛围是帮助学生健康成长的重要助力，学生们在良好的管理制度下，享受着平等民主的教育，参加多样的课余活动，遵循学校的良好学风，其人格潜移默化地发生着改变，逐渐走向完善。

高校是美育的主阵地，系统地将审美教育融入校园的各个环节，对于高校美育教育的发展十分重要。除了开展专门的美育教学课程外，"二课堂"活动、校园文化环境对加强大学生欣赏美、感受美、创造美的能力都有着不可忽视的重要作用，高校审美教育的发展离不开这几部分的融合。但同时应重视学校教育、家庭教育和社会教育之间的联动性，家庭环境和家庭教育对一个人的性格，一个人的世界观、人生观、价值观都有非常大的影响，同样对大学生的审美观念形成有着不可忽视的作用，是一个人审美观念形成的基础。从社会层面来讲，全社会都要关心大学生的健康成长，支持大学生的审美教育，努力消除社会上一些对大学生审美观念造成负面影响的现象，为大学生的审美教育创造良好的社会舆论氛围和政策保障，营造一个幸福的大环境。学校教育、家庭教育和社会教育之间有效的联动机制可以促使大学生审美教育更好地实现预期效果。

二、发挥学校审美教育的功能，促进审美教育发展

（一）加强组织领导

各地要将审美教育作为实现教育现代化的一项重要任务摆在突出位置，认真履行发展审美教育的职责，将审美教育发展纳入政府重要议事日程，结合实际制定具体实施方案，明确工作部署，切实抓紧抓好。建立健全教育部门牵头、有关部门分工负责、全社会广泛参与的审美教育工作机制，明确责任，按照职能分工，落实好推进学校审美教育改革发展的各项任务。江西省教育厅于2016年发布了《江西省人民政府办公厅关于全面加强和改进学校美育工作的实施意见》，文件中明确提到：各地各学校要充分认清加强和改进美育工作对于立德树人、培育和践行社会主义核心价值观的重要意义，积极推进学校美育工作改革，促进学生德智体美全面发展。

（二）加强审美教育制度建设

坚持依法治教，运用法治思维和法治方式，深化审美教育综合改革。研究完善学校审美教育工作有关规章制度，使审美教育制度规则体系能够及时适应实践发展需要，为推进学校审美教育改革发展提供制度保障。为贯彻落实习近平总书记关于做好美育工作、弘扬中华美育精神的重要指示精神，江西科技师范大学于2018年12月制定了《江西科技师范大学美育工作实施方案》，列出了江西科技师范大学美育工作任务清单与责任分工表，拟在今年完成美育资源配置优化，将美育教育融入人才培养全过程。

（三）加大审美教育投入力度

地方政府要通过多种形式筹措资金，满足审美教育发展基本需求，建立学校审美教育器材补充机制。各地要加快推进义务教育阶段学校审美教育设施标准化建设，加强高校艺术教育场馆建设，将更多的文化建设项目布点在学校，促进学校资源与社会资源互动互联，推动校内外资源设施共建共享。中央财政通过全面改善贫困地区义务教育薄弱学校基本办学条件等工作，加大投入力度，支持地方尽快补齐学校审美教育的短板。

三、审美教育基地建设，保障审美教育课程持续发展

审美教育基地建设起到了丰富内涵和拓展外延的重要作用，具体而言，审美教育要与艺术教育、科研学术、青年志愿者服务、思想政治工作等相衔接、相融合，实现优势互补、资源共享。

（一）艺术教育基地

通过建立艺术团、艺术中心等文艺组织和机构，开展艺术教育，进行艺术演出，更好地满足广大师生对艺术的需求，使大学生加深对美的直观感受，自觉地在艺术享受中追求语言美、肢体美、心灵美。在实践中，笔者所在学校加强对艺术类社团的管理和指导，充分调动音乐、舞蹈、绘画、书法、摄影等艺术类社团的积极性，提高艺术类社团在大学生美育教育中的地位，为艺术类社团配备相关专业的指导教师，提供场地、经费等方面的支持，将学生参与艺术类社团活动次数及获奖情况纳入大学生素质拓展学分评

定内容。创建大学生艺术团，逐步打造了具有大学生社团特色的"校园最强音""社团文化艺术节"等品牌校园文化，每年举办具有大学生社团特色的"社团文化艺术节"系列活动，充分发挥新时代大学生的自主性和艺术才能，在校园文化活动中具有举足轻重的作用，在全校产生了较大的影响。

（二）科研学术基地

学术研究体现的是科学之美、真理之美，要把审美教育与科研学术结合起来，引导大学生进入科研学术的神圣领域，使学生发现科研学术中的美，从而不断提高科研学术能力和水平。在实践中，笔者所在学校依托学院专业特色和各大赛事，创办了"数学建模大赛""插花艺术节""生活小发明大赛""趣味数学竞赛"等一系列科技文化活动，运用审美教育来推进学生科研学术工作。取得的突出成就为高校公共审美教育提供参考，不仅在专业的知识、科研创新、人文素质、心理健康等多个视角举办讲座式的综合素养培训，还为学校提供了良好的审美教育课程。他们将一批热爱科学研究的学生聚集在一起，通过老师与同学、同学与同学之间的互动交流，拓展了大学生的创新思维，增强了大家学习的积极性和主动性，突破了学生科研薄弱的难题，学生参与科研的积极性空前高涨。

（三）志愿服务基地

志愿服务本身就是很美的，在志愿服务工作中，随处可见的是无私奉献、关心关爱、互相帮助，闪烁着人性的道德之美。因此，要通过打造志愿服务基地，更好地帮助大学生实现自我价值，在服务中体现爱心，在服务中展示美丽，在服务中追求美好。在实践中，笔者在原有志愿者服务队基础上创建了"红帽子突击队"，充分发挥学生的师范专业技能，不断拓展和创新志愿服务的内容与形式，不断扩大志愿者队伍，从校内走向校外，从身边走向社会，每周坚持到周边社区、小学开展文化志愿服务活动，并不断推进志愿服务规范化、基地化、项目化和长效化，深受群众的欢迎和好评，大学生自身也得到了教育和提高。

（四）思想政治工作基地

把审美教育与大学生思想政治工作有机结合起来，用美的形式、美的载体、美的手段来推进思想政治工作实效，使思想政治工作更好地被学生所接受。譬如运用美的色彩来整合活动平台，丰富活动载体。在审美教育中，红色元素可以用来反映和宣传革命、进步、主旋律，如革命题材的油画、电视剧、小说。采取"共演、共创、共享，自编、自导、自演"，以红歌演唱、相声、情景剧、三句半、朗诵等学生喜闻乐见的立体展现形式，表演师生原创作品，经典再现革命故事，传播了时代精神，使红色故事打开方式更多元，让红色文化"活"起来，真正做到把审美教育与大学生思政工作有机结合，用美的形式、美的载体、美的手段来推进思想政治工作实效，使思想政治工作更好地被学生所接受，有效点燃大学生红色激情、领悟红色精神、提升红色修养、坚定红色信念，进一步增强对国家和社会的责任感，把个人的发展与国家的前途命运很好地结合起来。

参考文献

［1］秦玉国著.美育视野下的高校辅导员角色示范研究［M］.成都：西南交通大学出版社.2017.

［2］叶美兰，薛浩著.慧心美育 应用型本科高校人文素质教育的本原价值［M］.南京：南京大学出版社.2017.

［3］王滢著.大学美育［M］.成都：电子科技大学出版社.2017.

［4］李清聚著.蔡元培"以美育代宗教"思想研究［M］.北京：中央编译出版社.2017.

［5］杨晓阳著.新媒体背景下高校思想政治教育创新研究［M］.延吉：延边大学出版社.2017.

［6］钱初熹编.与大数据时代同行的美术教育［M］.上海：上海教育出版社.2017.

［7］娄立原，吴俊主编；吕菁，贤娟，王刚等副主编.贵州传媒教育改革［M］.成都：西南交通大学出版社.2017.

［8］俞念胜主编.新时期大学生成长成才的实践与探索［M］.合肥：合肥工业大学出版社.2017.

［9］重庆市红十字会，重庆市教育行业红十字会编.教学·研究·创新 2016年重庆市学校红十字人道主义精神教育与教学研究优秀论文集［M］.成都：电子科技大学出版社.2017.

［10］王楠著.大学生思想政治教育创新研究［M］.延吉：延边大学出版社.2017.

［11］董玲著.高校美育课程建设与艺术审美研究［M］.北京：国家行政学院出版社.2018.

　　［12］孙宝国著.高校体育审美教育研究［M］.长春：吉林美术出版社.2018.

　　［13］刘心畅主编.艺术鉴赏与艺术治疗［M］.湘潭：湘潭大学出版社.2018.

　　［14］王克永著.高校学术文库艺术研究论著丛刊 广西民歌音乐文化遗产传承与保护研究［M］.北京：中国书籍出版社.2018.

　　［15］闫丽源著.装饰艺术及其在平面设计中的运用［M］.北京：中国书籍出版社.2018.

　　［16］张磊著.古筝演奏艺术研究［M］.长春：吉林大学出版社.2018.

　　［17］苑良宇著.现代艺术设计与教育研究［M］.长春：吉林大学出版社.2018.

　　［18］胡珅著.中国声乐教学与艺术实践［M］.北京：九州出版社.2018.

　　［19］李孟华著.高校健美操运动与教学研究［M］.北京：北京工业大学出版社.2018.

　　［20］李洁著.贵州苗族造型艺术的地域文化研究［M］.南昌：江西美术出版社.2018.